JN023319

アドラー・セレクション
Adler Selection

子どものライフスタイル

The Pattern of Life

アルフレッド・アドラー
Alfred Adler

岸見一郎［訳］
Ichiro Kishimi

アルテ

Alfred Adler
The Pattern of Life

Cosmopolitan Book Corporation, 1982 (Original: 1930)

目次

子どものライフスタイル

第一章　身体全体のジェスチャー

1. 症例報告

今晩のケースはフローラ嬢のものである。主訴は何年も発作が起き気絶するというものである。同居しているのは、母親、父親、二人の弟と二人の兄、二人の幼い子どもたちである。家族関係は非常に協調的で、ただ一人の女の子である患者は、いつも自分のしたいようにし、とりわけ父親のお気に入りだった。

気絶発作と聞くと、すぐにてんかんのことを考えるが、てんかんは様々な病気を叙述するために非常に漠然と使われる言葉である。鑑別診断は、時に非常に難しく、もっぱら医師のみの関心事である。通常、てんかんの患者は人生において大きな困難に直面しており、この困難は患者の精神的態度に反映されている。どこで器質的な病気が終わり、それの精神的な上部構造が始まるかを決めるのは時に困難である。てんかんはいつも病気と呼ばれてきた。今日まで医師によって治療されてきたからである。それは以前はいつもヒステリーと呼ばれていた神経症に対する一般の人の態度に似ている。

真性のてんかんと見せかけのてんかんの鑑別診断においては、いくつかのきわめて重要な兆候がある。真性のてんかん発作においては、目の瞳孔は開いており、光に反応しない。これは器質的なてんかんのもっとも重要な兆候の一つである。これまでのところフローラの病歴記録にはこのような兆候は何も言及されていない。第二の重要な兆候は、気絶発作時のバビンスキー反射の存在である。バビンスキー反射を調べるために足のかかとをこすする。すると、足の親指が普通期待されるように下にではなく、(足の甲の方へと)上に反るのが見られる。バビンスキー反射は、脳のある部分が損傷を受けているということを意味している。この障害が神経の刺激がその通常のルートに沿って伝わることを妨げる。他にも真のてんかんであることを示す兆候がある。時には小さな出血が皮膚の下、特に耳の後ろに見られる。てんかん患者は発作の間に自分の舌を噛むので唾液に血が混じっているのがしばしば見られる。また、よくあるのは、てんかん患者は発作の間に転倒して怪我をすることである。てんかん患者は、しばしば長くは続かないが発作が起こるという予兆を感じる。われわれはこれをアウラと呼んでいる。それは様々な形ではあるが、大抵起こる。

真性のてんかんに存在する一群の症状は、ヒステリー性の気絶発作とは区別される。ヒステリー患者は、傷つけられ望みを失い無力であると感じ、この態度を身体全体のジェスチャーに表す。その気絶発作は「私は無力だ」という意味である。ヒステリーの患者は発作から速やかに回復するが、真性のてんかん発作は通常続いて眠気、頭痛、不快の時期があり、数時間続くことがある。真性のてんかんとヒステリーを区別するもっとも重要な点は、てんかん患者は自分が気絶したことを知らないということである。発作が治まって初めてそのことに気づくのである。

両者を区別する困難が増すのは、てんかんの大抵のケースがある種の精神異常と結びついていることによる。真性のてんかん患者を普通は怒りの発作で反応するような仕方で怒らせたら、発作の頻度は増すだろう。てんかんの人はしばしば短気であり、彼〔女〕らの家族を調べた時、私は通常家族の一人が目立って短気であることを見ることができた。短気は劣等コンプレックスの兆候と解釈しなければならない。そして、短気な父親がいる家族にてんかんの子どもたちを見出した時、私は子どもたちは父親の短気を模倣していると感じることが時にあった。

時にはてんかん発作は後に、通常、幻覚や激しい残忍な行動が特徴であるてんかんの狂気になる。てんかん患者は通常精神病院で鎮静剤を使って治療される。鎮静剤は患者をほとんどの時間を夢見心地で眠くさせる。このような治療を受けると、てんかん発作は完全に止まるわけではないけれども、回数はしばしば少なくなる。

真性のてんかんとヒステリー性の気絶発作の間に存在するあらゆる違いにもかかわらず、正しい診断をすることは困難である。なぜなら、発作が起こった時に、医師が目を調べバビンスキー反射のテストをするためにその場にいることはめったにないからである。

私の経験では、てんかん発作は、その素質のある患者が悪い状況にいる時にだけ起こる。私はこの素質は脳の血管の病理的な変化にあると考えている。てんかん発作は逆上する人の外観に非常に似ている。てんかんの患者は誰かを攻撃したいかのようである。てんかんは、脳の血管の病理的変化と怒りの発作を起こす傾向を持つ人にもっとも頻繁に起こる。通常、てんかん患者は非常に残酷であり、夢の中ではしばしば残虐さと闘いを経験する。残酷さはてんかん患者の精神的構造において大きな役割を果たしている。そして、てんかんの患者の中には一見非常に親切で優しく穏やかな人が見られるが、彼〔女〕らの夢を調べれば善良さ以外のすべてのものを見出すだろう。アルコールを飲めばてんかん発作の頻度が増すことは疑いない。このことはあまりに非人間的でなければ実験的に証明されるだろう。アルコールによって悪い影響を受けているてんかん患者は、あらゆる形でそれを断たなければばならない。

てんかんについての私の経験では、私はてんかん患者にできるだけ安楽に生きることを許すことが望ましいということを見てきた。さらに、患者の状況は、もしもより強く、自立し、穏やかになることが教えられれば改善しうるというのが私の経験である。いい換えれば、てんかんは、患者がたとえ他の多くの医師が診断を裏付けたケースにおいても、社会的によく適応した時に消えることを見てきた。このことで私は私がてんかんを治せるということを意味していないが、てんかんの症状は時には軽減されうるのであり、患者はより社会適応すればずっと元気になりうるということは主張したい。そして、社会適応が高いレベルに達したいくつかのケースにおいては、てんかんの症状が完全に消えたということは確かに本当である。

さて、われわれのケースを先に進めよう。男きょうだいの中にあってただ一人の少女のケースであることがわかっている。私が観察してきたところでは、このような家族においては少女は過度に甘やかされ、しばしば正常な女性の役割を発達させない。そのような少女は、しばしば非常に従順だが、自信があり自立しているということはほとんどない。そのように育つので、他の人がいつも支えなければならない。さらにありそうなことは、一人ではいられないだろうということである。他方、この状況において、このような男きょうだいの中でただ一人の少女が少年のように育ち、非常に頑健で少年のような傾向を誇張する時には違ったタイプの成長がある。病歴記録はこれらの二つの道のどちらかをわれわれの患者がたどってきたかを示すはずである。

われわれは協調的な関係が家族全体の中にあり、少女はいつも自分のしたいようにし、父親のお気に入りであったことを見た。それゆえ、われわれの患者は十分な精神的エネルギーを発達させてこなかった甘やかされた子どもの特徴を見せるであろうと予想してよい。彼女はおそらく非常に愛想がよく穏やかで従順だが、賞賛されることを非常に切望する。記録の中に次のような記述がある。

「最初の発作以来、母親と寝ている」

ここに、少女が一人でいることを拒否しているというだけではなく、最初の発作は彼女の依存を強調するのに役立ったという証拠がある。ここから彼女のいうてんかんは計画的なものではないかと私は信じたくなる。記録にはさらに次のように書いてある。

「家庭生活は申し分ない。患者の健康は完全に正常で、これまでのところ神経症を示す兆候はなかった。母親は彼女はあらゆる点でほぼ完全であるという。友達も簡単に作ってきた」

フローラが完全であるという母親の発言は、彼女が最初のタイプに属しており、愛想がよく、従順な女性であるという私の考えを支持する。彼女が甘やかされた子どもであることは確実である。しかし、今や自立しなければならない。このように自立することで彼女が得るものは大きい。実際、ここに彼女が治癒する唯一の希望がある。

「彼女の気晴らしは、映画、劇場、そして車に乗ることである。学校の勉強はよくでき、クラスで四番の成績で卒業した。放課後に勉強し、勉強を楽しんだ」

学校の報告は、おそらく家だけではなく学校でもお気に入りになりたいと思い、しかるべく賞賛されるために頑張って勉強したことを示している。

「今は秘書として働いており、その仕事が好きだといっている。学校にいた時は教師になりたかったが、そのためには余分に努力しなければならないので、その野心を断念した」

ここでも彼女が自信を欠いており、自立するために努力をしないことが見られる。

「患者は今二十五歳であり、片目が少し斜視だが、容姿はよいといわれている。左手の薬指の第一関節が切断されている。しかし、気づかれないように手を組んでいる」

この障害が彼女の人生において大きな役割を演じてきたのは明らかである。そして、彼女はその結果から自分を守ろうとしている。彼女はあまり自分自身を信じていないかのように人生にためらう態度で近づく。

「彼女からどんなものであれ早期回想を得るのは不可能である。そして、若い時のことを思い出すのは難しいと不平をいう」

私が子ども時代の早期回想を得ようと試みたら、思い出せただろうと思う。子ども時代の経験を思い出すのが難しい人がいる。十二歳か十三歳よりも前の恐ろしいエピソードを思い出さなければならないと考えるからである。これはまったく必要ではない。私は通常こうたずねる。「学生時代のことを覚えていますか」。患者はしばしばこの問いには用心して答えなければならないと感じる。患者がどんな回想を選択するかは、患者の個性を知る手がかりになる。学校時代の出来事をいくつか思い出した後で、患者はしばしば学校に上がる前の経験を思い出す。私は私の患者に、伝記を書くためのノートを取るかのように、小さな子どもの頃のことで思い出せることをすべて書き出すように助言することがある。それでも、われわれの患者は〔早期回想ではなく〕二つの夢しか思い出さない。その夢は興味深いものだろう。

「私が昼食を食べる〔ドラッグストアの〕食堂で働いている男の子とペッティングをした夢を見た。上司についても同じ夢を見た」

この夢もわれわれの患者が甘やかされ、家だけでなく、職場でも大事にされたいと思っていることをわれわれに示している。雇い主が実際に彼女を甘やかしたのであれば、おそらくこんな夢を見なかっただろう。そこで雇い主は彼女が望むほどには優しくはないと結論づけてよい。彼女は夢の中で状況を作っているのである。「もしも彼が私を愛撫したらどうなるだろう？　どうしたら彼に私を愛させることができるだろうか？」。彼女が自分の目標、即ち、愛されることの手段を準備しているのがわかるだろう。たしかにこれだけのことを夢の中から解釈することができる。ドラッグストアの少年はおそらく彼女とペッティングをしなかっただろう。彼女は自分が望む立場にはいないと結論づけてもよい。これはわれわれの解釈において重要な要素である。

「私は大水が通りの他の人に追いついている夢を見た。大水は私には触れなかった。私はただそれを見ていた」

この二番目の夢は一番目の夢よりも重要である。他の人が溺れているのを、助けを申し出ないで見ているというような患者の生まれつきの残酷さを示しているからである。この夢は次のことを意味している。「どうしたら世界の他の人が溺れ、私が一人であるような状況を作り出すことができるだろうか。まったく一人であるというのはどんな感じがするだろう」。彼女はおそらく父親と母親は洪水から救いたいのだろうが、他の人には関心はなく溺れさせるだろう。なぜ他のすべてを滅ぼしたいと欲するのか。他の人に自分を愛させることはできないと感じているので、世界の他の人を憎んでいると間違いなく結論づけることができる。状況を改善する唯一の方法は人類全体を滅亡させることである。この考えは優越コンプレックスを示唆しているが、優越コンプレックスは常に劣等コンプレックスに基づいているということをわれわれは知っている。彼女の夢は怒りの爆発のようである。「皆、滅べばいいのに」といっているかのようである。

「彼女は彼女の母親が孫たちにいうことを聞かせないが、自分は五歳と七歳の子どもたちを自分に従わすことができると不平をいう」

このことから、なぜ彼女が教師になりたいかがわかる。教師はいつも従順な子どもたちに囲まれていると信じているのであり、子どもたちに従順であることで彼女を尊敬させたいのである。

「家族は自分にあまりによくして、甘かったと信じている」

この報告は彼女が自分自身の状況をかなり洞察していることを示している。しかし、このようにいってみても、よい印象を与えるということを別にすれば何も変わらない。われわれは彼女がすべての人、つまり雇い主、食堂の従業員、子どもたち、彼女の両親を自分に従わせたいと思っていることを知っている。彼女の問題は、いかにしてこの目標を達成するかである。目標を達成できなければ、彼女の人生計画の全体は打ち砕かれ、彼女は無力になる。

「最初のてんかん発作は同じオフィスで二年ほど働いた後に起こった。叫び声を上げ、多くの人が働いていたオフィスの床に倒れた。頭をコンクリートの床に打ちつけ、舌を噛み、家に帰るまで力尽くで押さえつけられなければならなかった。家では数人の医師と訓練を受けた看護師によって手当を受けた。一週間、病状は重く、同時に腎不全を患った」

最初の発作は真性のてんかんであるかのように聞こえる。しかし、てんかんと同時に別の病気にもなったので、彼女の気絶は真性のものではないということは大いにありうる。判断を控え、さらに調べてみなければならない。

「次の発作は、七ヶ月後に起こった。その時は自宅にいた。彼女は転倒し、ヘアカーラーのアイロンで腕をひどくやけどした。当時、おばが家にいたが、母親は一泊の旅行に出かけていた。これは子どもが生まれてから初めてのことだった」

もしもこれが真性のてんかんのケースであれば、非常にめずらしい経過をたどったことになる。というのは、通常、十八歳までにてんかんと診断される時には、大発作の前に小発作の既往歴があるからである。ところが、このケースはあまりに突然起こっている。最初の発作は十八歳の時に起こった。そして、病気は患者が母親と一緒に寝なければならないほど悪化した。七ヶ月後に起こった次の発作は、奇妙なことに彼女の母親が子どもが生まれて初めて泊まりがけの旅行に出かけて不在だったという事実と一致している。これは確かに注目に値する。避けることができない結論は、われわれの患者は母親を支配したいということである。その支配が好意的で友好的な仕方で表現されているとしてもである。発作は「なぜ私を一人で放っておいたの」ということの一つの方法である。ご覧の通り、身体全体の言語を理解するようにならなければならない。

次の発作までに十三ヶ月経った。この間、患者はルーミナル（鎮静剤）を飲み、ダイエットをした。患者は通常ダイエットとルーミナル服用の結果弱くなるが、治療は患者が困難を乗り切る援助をする。そして、時にはよい結果をもたらす。

「最後の発作の後、気絶発作は月経の時に毎月起こるようになった。発作はこの間非常に激しい。今はほぼ毎週起こり、発作が起こりそうだと感じる時、患者は助けを求め、母親が呼ばれる」

これは病気の性質についての重要な手がかりである。月経の始まりは、この少女にとって大きな困難の時期だった。彼女は月経が始まる時に気絶発作が起きた。それはおそらく彼女が少年ではなく、実は少女であるということを認めたくないからだった。月経が近づくと、患者は緊張を高めるが、発作の始まりの決定要因はこの緊張である。発作がきそうだと感じる時に母親を呼ぶということは、さらにその発作の目的を示している。病歴記録には次のように記されている。「ある時、発作がやってくると感じて、外に出たら、近くの隣人がいた」。これは、彼女が母親がいない時には、誰かが母親の代わりになってほしいと思ったことを示している。

「てんかんの発作が起こっている間は、彼女の知性は減じる。そして、発作はしばしば喧嘩をした後に起こる」

この患者を助けるために何ができるかはわからないが、われわれの治療は彼女のライフスタイル全体を変え、彼女を女性の役割と和解させることに向けられるだろう。この時点で、恋人との関係を考察するのが賢明だろう。なぜなら、彼女が女性であることが嫌いだからである。私はまだ病歴記録をすべて読んでないが、彼女の愛の生活の中に何らかの劣等コンプレックスの表現を見出すであろうことは確かだと感じる。詳細は彼女の恋人にたずねなければならないが、おそらく病歴記録がわれわれの助けになるだろう。

「彼女は同じ男性と八年間付き合っている。婚約して三年になる。彼女は婚約して以来発作が頻繁になったことに気づいている」

一人の少年と八年も付き合っているというのはあまりに長いということにわれわれは皆同意するだろうと思う。そして今や彼女の発作は以前より頻繁に起こるので、二つのうちのいずれかが起こると私は確信している。婚約者が病気にショックを受け、結婚しないという決心をするか、あるいは、「よくなるまで待って」という決まり文句に執着するかのどちらかである。この発作は彼女が同じことをいい続けることを助けるだろう。女性の役割を避け、結婚についてのどんな決断にも抵抗することが、彼女の人生における目標である。彼女は男性に支配されることを怖れている。そこで、最後の防衛ラインとして「よくなるまで待って」という決まり文句を使うようになったのである。逃げたい、結論を先延ばしにしたいと思っているのである。

「目下、二人目の男性が話題にのぼっている。彼女は二人目の男性を愛しているが、長く待ってきた少年に誠実でなければならないと感じている。最初の少年は彼のライバルのことを何も知らず、フローラがよくなるまで待ちたいという。彼女はいう。『もしもこの発作がなかったら結婚するだろう』」

さて、二人の男性は一人の男性に及ばないというのがルールである。そして、二人の男性に恋をするということが、二人のどちらかと結婚するという問題を延期することであることは理解できる。彼女の人生における目標は愛の問題を避けることである。そして、彼女はこの目標を愛の関心を分割することによってではなく、愛の問題に責任を持てないということを証明するために、気絶することを誇張することによって達成している。しかし、これらの行動が意識的であるとか悪意があると信じてはならない。彼女は病気である。そして、彼女の発作の本当の意味を知らないということが、彼女のライフスタイルの一部である。このライフスタイルが彼女の隠された目標を達成するためにふさわしいということがわかるだろう。彼女は長く待ってきた男性に誠実でありたいと思っているという事実は、おそらく誠実な良心の印であるが、われわれが治療においてしなければならないことは、彼女は自分が信じているほどは良心的ではないということを彼女に示すことである。私は彼女がよくなるまで待つといっている男性にいささか疑念を抱いている。そしておそらく、彼女が彼を恋人として選んだのは、彼が彼女の計画に同意し、喜んで待とうとしているからである。「もしもこの発作がなかったら結婚するだろう」という言明において、どのように彼女が自分自身のライフスタイルを定式化しているかを見ることは興味深い。たしかに、これは彼女の善意を証明しているが、言明の真の意味は、われわれが聞くことがない劇の独白からだけ導き出すことができる。「でも、私には発作があるのよ！」病歴記録は、さらに二つのより重要なことを述べている。

「二度目の発作の時に孫が生まれた。フローラの母親は、彼女を大体いつも家の中にいさせた。また この時、恋に落ちた初めての若い男性に会った」

この二回目の発作は非常に疑わしい。おそらくフローラは無意識に、もしも病気であればより多くのことを達成できるとわかったのである。

2. カウンセリング

フローラが部屋に入ってくる。

アドラー：病気になった時によい地位に就いていましたか？ 職場では何か問題がありましたか？

フローラ：何度か仕事を辞めようと考えました。職場では幸せではありませんでした。人があまりに多く、騒がしかったからです。

アドラー：上司や同僚のことは好きでしたか？

フローラ：ええ、同僚はいい人で、上司は大抵の上司の典型でした。

アドラー：腎臓が悪く、そのため仕事をするのが難しくなったと聞いています。上司はあなたを批判しましたか？

フローラ：いいえ、一度も批判されたことはありません。仕事は完璧にこなしていました。

アドラー：でも、仕事を辞めたかったのですね？

フローラ：はい。

アドラー：今は仕事をしていますか？
フローラ：はい、不動産事務所で秘書をしています。
アドラー：新しい仕事は好きですか？
フローラ：はい、前よりもずっと好きです。
アドラー：よい仕事に就かれて何よりです。幼い子どもの頃のことで思い出せることを何か話してくださいませんか？　特別に重要なことである必要はありません。おそらく、好きだったこと、嫌いだったことを思い出せるでしょう。
フローラ：それはかなり難しいです。アウトドアスポーツが好きだったと思います。
アドラー：どんなスポーツが好きでしたか？
フローラ：スケート、丘滑り、木登り。
アドラー：あなたは大変勇敢な女の子だったに違いありません。
フローラ：そうでなければならなかったのです。兄弟が四人いて、闘わないといけなかったのです。
アドラー：耐えられましたか？
フローラ：いつも頑張っていたと思います。
アドラー：少年になりたいと思ったことはありますか？
フローラ：いいえ、少年になりたいと思ったことはないと思います。でも、いつもたくさんの男の子と遊んでいました。一緒に遊ぶ女の子がいなかったのです。
アドラー：男の子のように育てられ、お兄さんたちがいたので男の子の友達が多かったのだと思います。

フローラ：その通りです。

アドラー：記録を持ってきた先生と話したら、なぜあなたがこんなに過敏になったのかを教えてくれるでしょう。あなたはすぐに緊張します。気絶発作が起きるのは自分が弱いことを証明するためです。発作が起きるのは批判された時だけです。あなたは将来のことを少し怖れており、十分自信を持っていないように思えます。また、あなたはものごとを自分では決めたくなく、また、自分ではどんな努力もしないで愛されたいのだとも思います。私はこのような心の状態をよく理解できます。しかし、もっとあなたが勇気を持ち、兄弟といつも闘う必要がないとわかれば、あなたはずっと健康になると思うのです。まったくの無力であるよりもよりよい生き方があります。他の仕方を試してみたくないですか？

フローラ：もちろん、試したいです。

アドラー：トラブルのすべては、あなたが十分勇気がないからです。あなたが自分自身の行動の全責任を負う決心をすることを提案しましょう。私はあなたがこの一歩を踏み出せば、そのことは大いにあなたのためになると確信しています。

フローラ：私が勇気を持てば、発作を治せるという意味ですか？

アドラー：そうです。

フローラ：どんなことでもやってみます。

第二章　母親の支配

1. 症例報告

今晩、検討するのは、十一歳と八ヶ月のロバートとのケースである。教師はこの少年が精神発達遅滞ではないかと少し疑っている。精神発達遅滞の問題はきわめて難しく複雑なので、診断は慎重でなければならない。患者が人間として失敗するか成功するかは、われわれの決断に全面的に依存しているからである。

この年の完全に正常な子どもであれば、少なくとも五年生になっているはずだが、記録には次のように書いてある。

「少年は学校で遅れている。三年生であり、知能指数は非常に低い。クラスの中では静かで従順である。いつも鈍重で臆病であり、話し始めたのはかなり遅かった」

このケースでは、実際にかなりの遅れがあったように思える。しかし、時には正常な子どもも動作が遅く、臆病であるように見える。とりわけ、左利きであればそうである。左利きの子どもたちはしばしば手を巧みに使えず、そのため失敗を重ねてきたので、ゆっくり動くことで過度に注意深いことを表している。この少年が遅くまで話すようにならなかったという事実は疑わしい。なぜなら、これは精神発達遅滞の子どもにはよくある困難であることをわれわれは知っているからである。精神的な障害が重い時は、まったく話すようにならない。他方、話し始めるのが遅い、甘やかされた子どものタイプもある。このタイプを表す特別の言葉がドイツ語にはあるが、英語にはそれに相当する言葉はない。このような子どもたちは聞くことはできるが、耳が聞こえないわけでも口がきけないわけでもないけれども話さない。このような状況では、子どもが精神発達遅滞かどうかを決めることは困難である。特に、後になって知的で、よく話すことが明らかになる子どもたちもいるからである。最初は大変な苦労をした後、後には美しく話すようになった多くの人――生きている人もいれば、死んだ人もいる――を私は知っている。このケースにおいては、二つの可能性のうちの一つを探さなければならない。即ち、精神発達遅滞の子どもか、甘やかされた子どもかということである。いくつかの点において、甘やかされた子どもと精神発達遅滞の子どものライフスタイルは同じである。この子どもが両方のライフスタイルを併せ持っているということはありうる。真相がどちらなのかを決めるのは困難である。

「父親は背が低く、頑健で、控え目な人で、母親は魅力的で人を引きつける女性である。十六歳と十四歳の姉が二人いる。他には子どもはいない。両親は仲がよい。喧嘩はないが、母親が家庭を支配している。母親は、父親は第一子の娘を好み、少年は自分に近いといっている」

彼がただ一人の男の子であり家族の中で赤ちゃんとして、優位に立っていることがわかるだろう。矛盾しているように聞こえるだろうが、私はいずれかの親が家庭を支配している多くの幸福な結婚を見たことはない。母親が少年は自分に近いという時、十分自分がいいたいことをすべていい尽くしていない。おそらく付け加えるはずである。「私はあの子を甘やかした」と。

「少年は、母親のことを家族の他の成員のことよりも多く話す。家族は彼をバスター（何でもできる子）と呼んでいる。これは非常に不適切なニックネームである。彼の動作はゆっくりで遅れているからである。姉たちは二人とも高校生であり、非常に賢い」

家族の中で一人の子どもが非常に賢い時、通常、他の子どもに困難があることが見込まれる。より賢い子どもが優れていることは、その子どもと比べ他の子どもたちを劣っているように見せる。おそらく、このことが考察しているケースにおいて起こっているのである。過度に甘やかされた子どもは容易に勇気をくじかれる。ここにロバートの問題があるのかもしれない。このことはわれわれに少し希望を与える。精神発達遅滞の子どもよりも知的な子どもの勇気をくじく方が容易であり、この子どもは学校に行く前はもっと勇気を持っていたと結論づけることができるからである。おそらく、結局、これは精神発達遅滞のケースではないのである。

「学校に入るためには試験を受けなければならない。そして、少年には二人の姉がなしとげたことが、いつも少年に突きつけられた。彼の今の教師がこのことをやめさせた」

これはわれわれが先に述べたことに一致している。

「父親は子どもにはあまり望みがないと思っている。少年は生まれた時からこんなふうだったから、これからもずっとこうだろうと信じている。母親は、どの子ども叩かれたことはない、といっている。母親は『この子は、たった一人の男の子、赤ちゃんです。この子どもが他の子どもたちとは違うことを知ってひどくショックでした』といっている」

父親の絶望は勇気をくじく。なぜなら、子どもは、しばしば父親の自分についての評価に従って成長するものだからである。とりわけこのようであるから、子どもを勇気づけ、正常に成長する希望があると感じさせるのはわれわれの義務だろう。この子どもが小学校の三年生まで進んでいるという事実から、私はこれは絶望的なケースではないと考える。

彼が精神発達遅滞かどうかは脇に置き、ロバートが問題のある子どもでしかないかのように考えようとすると仮定しよう。彼の家族の中における位置は非常に限定されている。一方で、彼はあまりに親密に母親と結びついており、支えられようとして依存している。他方で、彼よりも賢い二人の姉とは競争することはできない。彼は勇気がないので、闘わないのである。既に聞いたように、ずっと静かにしているのである。このような少年がよく成長することはほとんど期待できない。例えば、狭い場所で育つ三本の木に喩えることができる。もしも三本ある木の中の二本が困難を克服して強くなれば、三本目の木は自由に育つことはできない。同じことが子どもたちにも当てはまる。この家族においては、少女たちが利用できるすべての空間を占拠してしまったのであり、少年は自分の目標をより低いレベル、即ち、成長しないことに置くことを強いられてきたのである。われわれは彼の成長パターンの全体をこのように説明することができる。

「姉たちは互いに非常に仲がよい。少年は、彼を散歩や映画に連れて行ってくれる上の姉のことをより多く話す。下の姉は彼を怒らすので、復讐するために姉を怒らすといっている」

下の姉と少年は両極端の状況を示している。姉は積極的で攻撃的である。彼女についてはあまり多くのことは語られてないが、家族の中で一番であろうと努めていることはほぼ確実である。他方、少年は勇気をくじかれたので、努力することを断念し、後方に留まることに満足している。少年と下の姉が互いを怒らせるという事実は、二人が競争しているということを物語っている。彼女は十四歳であり、彼はもうすぐ十二歳である。弟が生まれた時、姉は二歳半だったということである。彼女は弟が生まれたことで王座を奪われたと感じた。彼女が弟に向けた攻撃は非常に成功したので、彼は闘おうとはしなかった。

「家族の経済状態は良好である。母親は家事をし、他方、父親は食料品店を経営している。父はこの店に出資している。娘たちは身なりがよく、余暇に働くことはない。五つの部屋、五つのシングルベッドがある。家族はそれぞれ一人で寝ている。少年は顔を壁に向けて眠り、時々身体を丸める」

私は寝る時の姿勢というテーマで研究をしたことがある。私は夜眠る時の姿勢を見ることで、多くのことが発見されることを見てきた。少年が眠る時の姿勢は「僕は勇気がない。何も見たくない」といっているように思える。身体を丸める時、消えたい、あるいは、敵に自分の弱点をさらさないために、ハリネズミのように身体を丸めてボールになりたいという意味である。

「父親は少年と同じ部屋で寝ている。そして、母親は時には少年と一緒に横になり、寝付くまであやさなければならないという」

この後者の点は重要である。少年が非常に怖がりであり、母親に臆病であることの支えになることを要求していることを示しているからである。自立した子どもとしてふるまいたいとは思っていない。そして、母親の注目を自分に向けざるをえないように行動している。少年を母親と一緒にはいない状況、学校の教室のようなところに置けば、少年はたちまち勇気をくじかれる。ある意味で、寝ている時のふるまいによって象徴されるような仕方で起こっていることに背を向け、目を閉じているのである。彼がどんな問題にも直面したくないと思っていることは明らかである。

「母親は、少年と他の子どもたちよりも長く一緒に寝ていたことを認めた。両親はイタリア出身だが、イタリアの家族によくあるように、父親が母親や娘に制限を課すということはない。母親はいう。『私は家を完全に掌握している。時には私があまりに疲れているので、夫は私に出かけてはならないといいますが、すべての男性と同様、彼は私に外出してほしくはないからです。でも、あまり多くの言葉でそのようにはいわないのです』」

　母親が認めているところから、ロバートは、既にわれわれが推測したように、姉たちよりも機嫌を取られたことを示している。その上、父親は女性を過小評価はしておらず、彼の支配的な妻を抑圧することを試みなかった。

「この少年の身体面での成長記録は次の通りである。出産時、母親の陣痛は十二時間続いたが、器具は用いられなかった。陣痛時にいくらか困難があり、出産時、少年の顔は真っ青になった。誕生時の体重は十二ポンドだった」

　出産時の困難は信じられているほど重要ではない。おそらく、子どもの頭が大きかったのだろう。生まれる時、少年の頭が少女よりも大きいということはよくあることである。

「母親は、彼は生まれた時、きれいな赤ちゃんではなく、皮膚の色は黄色だったといっている。二ヶ月の時、発疹ができ、十五ヶ月まで消えなかった。首は早くすわり、六ヶ月ですわった。最初の歯は八ヶ月で生え、この頃離乳した。栄養についてはかなりの困難があった。そして、適当な食事のプランが見つかるまでは、彼の腸は炎症を起こしていた。九ヶ月で固形物を食べ始めた。十五ヶ月で母親はおむつを外す訓練をし始め、二歳で完全に膀胱をコントロールできるようになっていた。子どもの時、鱈の肝油が与えられた。母親は彼がどんどん大きくなったのに一言も話さなかったので、その時初めて何かがおかしいことに気づいた。二歳で歩いた」

　お産の時にいあわせた医師だけが、黄色い皮膚と発疹について適当な情報をわれわれに教えることができる。おそらく、二歳までに歩くようにならなかったのは、子どもの時、くる病にかかったからだろう。

「動きと数語でコミュニケーションをした。それを家族は理解し、母親がもっともよく理解した」

母親が子どもの動作を理解したということは非常に不幸である。話す必要がなかったので、言葉を発達させる欲求を持たなかったのは驚くに当たらない。

「聴覚には問題はない。医師は母親に少年のことは心配しないで一人で放っておくようにといった。いつかものごとは彼にとって『明けそめていく』からである。少年は五歳の時に話し始めた。彼の扁桃腺とアデノイドは切除された。一度も病気になったことはなく、何でも食べる」

気まぐれがすべて満たされた子どもたちが四歳を過ぎても話さないことはめずらしいことではない。他方、このような子どもたちが非常にわがままな食事習慣を持つか、おねしょをするという話はよく聞く。われわれの患者はこれらのことをしないで、母親と非常に良好な状況を維持したので、それを改善する必要を感じないと結論づけてよい。

「過去二年間、視力（二〇／七〇）を矯正するために、眼鏡をかけている。一年半ほど前に自分で着替えるようになった。しかし、ぐずぐずして時間がかかるので、母親は絶え間なく着替えるようにと促さなければならない。そして、どの足にどの靴を履くかを決めるのにかなりの時間がかかる。同い年の大抵の子どもたちよりも大きく、体重も重い（一五二センチ、四十五キロ）」

十歳まで自分で着替えるようにならなかったということは、彼がひどく甘やかされたということの証拠である。自分で着替えることにあまり興味がない。母親に彼の手伝いをさせたいからである。同い年の子どもたちよりも大きいという事実は、脳下錐体に何か病気があるということの兆候かもしれない。しかし、他方、単に彼は健康な子どもで、母親がたくさん食べさせたことを示しているだけかもしれない。

「彼は右手で書くが、他のことはすべて左手でする」

これは重大な点である。なぜなら、彼が生まれつき左利きで、自分を右手の世界にあわせるという問題に直面し、勇気をくじかれたということを確信させるからである。

「少年はいつも母親と姉に近い。父親の話はめったにしない」

ほとんどの時間を母親と過ごす甘やかされた子どもたちにとって、父親が母親に太刀打ちできないということはよくある状況である。この父親は実際大きな誤りを犯した。特に少年について絶望することで、誤りを犯した。姉はわれわれの患者の信頼を得ることができたが、彼が父親と和解することはより難しい問題である、と私は確信する。母親がいる限り、子どもは常に母親の方に向かうだろう。父親は少年を旅行に連れて行き、楽しい時間を過ごすべきである。そして「仲間」になるべきである。いつかロバートに彼の知性についての自分の考えが間違いであったことを告白するべきである。われわれの治療は、少年と父親との和解から始まるべきである。

「母親は彼を買い物に行かせる。彼は買い物に行くのが好きで、それについて話す。店で二つかあるいはそれ以上のものを買ってきてほしい時には、紙に書かなければならない。最近、店主が母親に紙を持たせないように提案したところ、改善が認められてきている」

一人で何かをすることに慣れていない子どもが店に使いに出された時に、二つや三つのものを覚えることはほとんど期待できない。しかし、店主は少年を理解しており、彼の状況を適切に理解している。このような理解をしている多くの素人がいる。改善が認められたという事実、実際、改善の可能性があるという事実は、非常によい兆候である。そのことから、われわれが見出す悪い誤りの大部分は取り除かれうると信じられる。

「時々、母親は彼が架空の子どもに話しかけ、その子どものために答えていることに気づく。通常、彼が話しかけているのは少年である。その時、彼は不良少年のようにぞんざいで乱暴な言葉を使う。彼の顔は生き生きしたものになり、喧嘩をしているように見える」

多くの子どもたちがこの架空の子どもに話しかけるという遊びをする。長い時間話すことができなかったこの少年が、今や自分自身のためだけではなく、別の子どものためにも話す訓練をしていることは非常に興味深い。ロバートが作家や劇作家になることすらありうる。左利きの子どもたちにはしばしば芸術的な傾向がある。また、彼の遊びや彼が姉たちと喧嘩をするという事実から、彼が少年と一緒にいたいと思っていることを推論できる。おそらく既に女性を怖れ、女性の力を過剰に評価するようになっている。とりわけ、彼の母親が支配的であればそのようになる。彼は明らかに生き生きとした想像力を持っている。このことは臆病な子どもたちには非常によくあることである。英雄的で礼儀正しく勇敢であることは、白日夢においては容易である。実際のところ、彼は臆病であるが、自分が臆病だと思うことは彼を傷つける。そこで想像の中で、自分が征服者であるふりをするのである。われわれがしなければならないことは、彼に現実の中で勇敢である方法を示すことである。

「彼は通りの少年とは遊ばない。彼は『通りの少年は僕のようには遊ばない。彼らはいつも喧嘩しているが、僕は喧嘩は好きでない』。時々静かな笑いの発作を起こす。そのことを母親は怖れている。時にはこの発作はひどくなるが、ほとんど消えてしまうこともある」

通りの少年とは遊ばないのは臆病だからであるが、他方、母親が怖れる笑いの発作は母親の支配を弱めるための手段である。おそらく、母親が彼に屈しない時や、十分彼を甘やかさない時、その発作は非常に激しいのだろう。

「時には眠っている時にベッドで起き上がり、いろいろなことについて独り言をいう。それから、誰もそのことを煩うことなく静かに横になって眠る」

多くの子どもたちは母親を自分のもとにこさせるために夜に叫ぶ。この少年は母親に気配を示すだけで満足している。

「学校では友達を作ろうとするが、容易に勇気をくじかれる。子どもたちは彼を避けたり、侮辱することもない。多くの教師に学んできたが、最近の二人の教師以外は思い出すことができない」

甘やかされた子どもは、簡単に友達を作れなければ、すぐに諦めてしまう。記憶力に関する限り、彼が教師の名前を覚えていないのは、教師のことを好きではないからである。記憶が消えたというよりも、忘れたいのである。

「学校でまわりの子どもたちに話し始めたのは最近のことである。学校に入ったのは六歳の時で、1Aを二回、1Bを三回、2Aを二回、2Bを二回、3Aを一回、3Bを二回、今は3Bの二度目の繰り返しをしている」（学期というのは半年という意味。例えば、1Aは一年生の半年ということである）

学校で他の子どもたちに話しかけないという事実は、またもやわれわれの患者がどれほど孤立しているかを示している。それにもかかわらず、彼は進歩し始めている。学校を六歳で始め、それより後の年ではなかったのは幸運である。その後絶え間なく留年していることは彼を勇気づけるのには適切ではない。彼は学校にあまり興味がないと理解することができる。彼に希望を与えるのがわれわれの義務だろう。このことを行う一つの方法は、勉強がよくできていなくても、学校でよい評価を与えることである。そのようなやり方は間違っていると思う人もあるが、それほど誤ってはいない。悪い点をつけることで勇気をくじくことにはほとんど意味がない。そこで、私は成功するまでは宿題を出さないことを勧めたい。教師が生徒がなしとげることができると確信できるやさしい課題であれば出してもいいだろう。特別の関心を見出し、この線に沿って勉強するよう勇気づけるべきである。自分は実際には価値のある生徒になれるということを示すことが教師の仕事である。このようなことを公立学校ですることが困難であることは私も知っている。また、他の生徒たちがロバートがひいきされていると思うだろうと反対されるということも知っている。このことへの私の答えは、クラス全体が教師が問題のある子どもに対処することを助けることを可能にする感覚が発達させられなければならないということである。他の生徒たちがわれわれの患者を援助する際に協力すれば、彼は救われるだろう。

「彼の筆跡は七年生の筆跡である」

ここに彼が進歩している領域がある。彼は手を訓練してきた。このようにして左利きの子どもとしての不利益を補償してきた。しかし、少年はこの特定のハンディキャップを克服しているにもかかわらず勇気をくじかれている。多くの人は成功よりは失敗に影響されることを好む。そして、臆病な子どものライフスタイルにおいては、失敗がしばしば成功よりも高く評価される。

「絵は上手ではない」

このようにいわれているけれども、私はロバートはもしも関心が喚起されたら絵を描いたりデザインをする才能を発達させることになると思う。これは視力が劣っていることを補償するだろう。教師は、彼は学校では眼鏡をかけているというが、おそらく眼鏡をかけたくないので目を訓練していないのである。

「読む力は遅れている」

左利きの子どもたちで読むのが遅い子どもがいることはよく知られている。単語の中の文字を反対に読む傾向があるからである。私の生徒の一人であるアリス・フリードマン博士は、左利きの子どもたちは読む時に単語の中の文字を反対に読む傾向があることを発見した。右利きの人にとっては、左から右への動きが正常であるが、他方、左利きの人は、右から左に動くことがより容易である。この根本的な傾向は精神生活全体に浸透する。左利きの子どもはその特性が認識されていないので、学校で多くの失敗を経験する。右利きの子どもたちとは本を読むことで歩調を合わせることができないので、ついには関心を失ってしまう。進歩が止まるのは不思議ではない。なぜなら、彼の読むことと絵を描くことにおける不運は、彼が直面しなければならないすべての問題に投影されるからである。もしもわれわれがロバートに左利きに関係のある読書障害があることが明らかになれば、彼の訓練を矯正するよう努めなければならない。

われわれを助けるであろう多くの兆候がある。文字を綴る時に単語の文字を反対にするか、あるいは動物の絵を描くように頼んだ時、それを右から左に描くか、あるいは、手を組む時に左の親指を上に置けば、左利きであると推定できる証拠である。

「単語を綴る時、二つのトリックを持っている。彼は単語を知っている。単語を知っており、二つの文字を反対に書く。あるいは、単語を知らず、ほとんど必ずそれをeで始める。教師は最後の二つを彼の左利きのせいにする」（多くの言葉はeで終わり、この子どもは単語を後ろから読む傾向があるので、これは彼が左利きであることの重要な兆候ではないかと疑うことは理に適っている）

私はこれは彼の絶望の兆候でしかないと思う。彼はどうすればいいのか知らないのである。

「一九二六年の三月に無学年クラスを担当する調査官の検査を受けた。その時、彼は八歳だったが、精神年齢は四歳半と判定された」

この少年が精神発達遅滞であるという疑いが生じることを見るのは容易だが、知能検査は決定的ではないので、われわれの診断をやめてはならない。甘やかされた子どもは学校で失敗することを非常に怖れるので、試験を受ける時に集中せず、その結果は信頼できないことをわれわれは知っている。低い知能指数は、精神発達遅滞の子どもと同様、甘やかされた子どものライフスタイルに適合している。心理テストは、それがわれわれの他の発見と一致する時にだけ価値がある。しかし、この場合は、少年の失敗は、母親に支えてほしいと思うこととひどい勇気くじきによる。

「スタンフォード・ビネットテストによれば、彼の知能指数は五十二だった。上限七の基礎年齢は三だった。ハガティ読書テストによれば、読書の成績は1Aの子どもの成績だった。ウッディ - マッコール混合テストによれば、算数は1Aの子どもの成績である。この少年は非常に魅力的で、快活でテストには非常に協力的だった」

最後の文は彼が甘やかされた子どもであることのさらなる根拠をわれわれに提供する。そして、また彼が自分の魅力を使えるのに十分なほど知的であるということも示している。

「彼の反応時間は速く、注意力もよい。話した最後の言葉を繰り返すことを習慣としていたが、今の教師はこのことに気づいていない」

言葉を繰り返すことは自信がないということの兆候であり、ためらったりどもることで時間を稼ぐ試みである。この今の教師がこの欠陥を見つけないのは、彼を圧迫せず、彼が教師を怖れていないからであるということは大いにありそうなことである。

「少年は重い精神発達遅滞である。そして、色と形を区別できない（この時、彼は眼鏡をかけていなかった）」

目に器質的な劣等性があることは疑いない。色盲かもしれない。形を区別できないという事実は、適切な訓練を欠いているということを示している。

「彼の数字記憶力は四歳の子どもに相当し、思考記憶は三歳の子どもに相当する」

この情報はたしかに勇気をくじくものだが、われわれは強い緊張下にあれば大人でも数えられないかもしれないということ、そして、試験中のロバートの感情と態度はその重要性を決定する重要な要素である。

「彼は無学年クラスを薦められたが、母親が同意しようとはしなかったので、他の子どもたちと一緒に進度の遅いクラスに入れられた。彼は夢を見ないという」

夢を見ないとすれば、彼が現在の状況にすっかり満足しており、全面的に甘やかされるという彼の目標を達成し、世界は彼には何の問題でもないということの兆候である。彼は家でも学校でも安心し、もはや何も要求しない。

「最初は子どもの頃のことを何も思い出せないといっていたが、『少女が以前は僕を自転車に乗せてくれた』という。これが起こったのは最近のことであるが、ずいぶんと昔に起こったことであるかのように話す」

この回想は彼のライフスタイルに適合している。彼は皆に彼の召使いになってほしいのである。

「野心：ある時は自分で本を読めるほど大きくなりたいと思い、別の時は父親のために店の掃除をしたいと思った」

最初の野心を影響を受けずに話したとすれば、彼が自分の欠点を理解しており、それをいつか克服することを期待していることをよく示している。他方、二つ目の野心は父親にも愛されたいことを示している。

「別の野心は通りで遊び回れるほど大きくなりたいというものである。彼はお金をかせぐために働きたくはない。三つの望みが与えられるとしたら、彼は選ぶだろう。大きくなること、強くなること、宿題ができること。最初の二つはとっさに出てきた」

働きたくないということに、またもや勇気がくじかれていることが見られる。彼の野心に関する限り、最初の二つは、とりわけ運動選手が重要な役割を果たしているアメリカにおいてはあらゆる少年が望むことであると思う。宿題ができるようになりたいということは、どこに問題があるのかを示している。

「家にいて本を読むか、それとも通りに出て行くかという選択肢が与えられると、彼は一番目を選ぶ。教師は、これは身体が大きいことによる不器用さと左利きのためにハンディのある勇気をくじかれた末子のケースであると考えている。両親は彼に責任を与え、彼の有用な行動に注目し、姉たちを彼の前でほめないようにといわれている。教師は彼に教室の中で、紙を配ったり部屋を換気するというような責任を彼に与えた。彼は休憩の合図にすぐに気づく。最初は必要な紙の量を判断することがほとんどできなかったが、改善が見られるようになった」

教師はこの子どもを援助する最善の方法を選んだ。私もそれ以上の方法を勧めることはできないだろう。私はこの子どもに彼の教育の中である誤りがなされたことを説明したい。私は彼が姉たちのレベルまで上がれると思えるよう彼を勇気づけたい。そして、成功しなかったのは、母親にあまりに依存し、自信を失ったからだということを彼に説明したい。すぐではないとしても成功することを彼に確信させなければならない。水泳を学ぶことを類比として使うことができる。水泳では最初はあらゆる動きが誤っている。さもなければ、一番最初から泳げるだろう。すぐには泳げない。しかし、時間をかければ泳げるようになる。われわれは少年に彼が理解できる表現と比喩を使って話さなければならない。

子どもも遊び仲間ともっとよく結びつかなければならないことを理解しなければならない。私なら彼が知らない人とより多く過ごし、その分母親と過ごす時間が少なくなるように、放課後、グループかクラブに入れるだろう。われわれは彼に彼の持つ特別の読書困難について説明し、正しく読めるよう再教育しなければならない。彼を絶望から引き上げることができれば、改善するだろう。病歴記録の最後の諸点は、彼が既に正しい道にあることを示している。私は教師が改善に気づくことを確信している。さらに、われわれは母親と話し、彼が知的な子どもであるが、彼を自立させる時にだけ彼の知性を喜べるということを説明しなければならない。このケースの困難さから、なぜ甘やかされた子どもたちが問題のある子どもの中でもっとも多いかが明らかである。

2. カウンセリング

アドラー：ロバートについてお話したいと思います。われわれは彼が知的な少年であること、彼の失敗は、あなたが彼のために問題を解決する限り、彼が自立して行動することを必要だとは思っていないという事実にもっぱらよると考えています。あなたが状況をよくすることはできます。もっと彼を自立させなければなりません。そして、知らない子どもたちの中に彼を置き、遊び仲間の間でもっと過ごさせなさい。自由時間にクラブや遊びグループに入らせなさい。ロバートがあなたとあまり一緒にいることはよくありません。彼はどうすればあなたに影響を及ぼすことができるか、あなたから何を期待できるかを知っているからです。われわれはまたロバートが左利きであり、この左利きであるということが彼の多くのトラブル、とりわけ本を読んだり、字を書く時のトラブルの原因であると考えています。正しく教育を受ければ、他のどの子どもとも同じほど上手に本を読み、字を書けるようになれます。しかし、今は彼は勇気をくじかれており、あまりにしばしば失敗してきたので協力しようとしないのです。自分で身体を洗い着替えさせるようにしなければなりません。間違いをしてもなじってはいけません。父ともっと結びつくようにすることもいいことです。ご主人に、ロバートにチャンスを与えるようにいいなさい。数日でも父親が旅行に連れ出し、彼の仲間になるのはいいことでしょう。言葉をたくさん尽くして父親が彼の成功を信じているということを少年に話さなければなりません。彼は正常な子どもであるというのが私の考えです。もしも私に許可を与えてくださるのであれば、彼をもっと自立できるように影響を与えられるかを見るために彼と話をしましょう。

母親：彼はきっと大いに怖がると思います。私自身も怖いです。こんなにたくさんの人を見るとは思ってもいませんでしたから。

少年が呼ばれる。部屋に入る時、母親がいう。「さあ、バスター」。すると、彼は真っ直ぐ母親のところにやってきて、腕を母親の身体にまわす。

アドラー：お母さんを守らないといけないの？　私はお母さんが倒れるとは思わない。一人で立てると思う。いつもお母さんに支えてほしい、それとも大人になりたい？

ロバート：大人になりたい。
アドラー：一人で何でもしたい？　それとも他の人に君のために何かをしてほしい？
ロバート：お母さんに僕のために何でもしてほしい。
アドラー：君がお母さんが好きなのはすてきなことだ。でも、お母さんが何でも君のためにしてくれることを期待することはできない。もっとたくさんのことを自分ですれば君はもっとしあわせになるだろう。何でも一人ですることから始めなければならない。他の子どもたちはずいぶんと早くに始める。君が今問題を抱えてきたのは、始めるのが遅かったからだ。でも、すぐにすべてのことを一人でし始めたら、つまり、歯を磨き、身体を洗い、着替え始めたら、自力で何とかできるようになる。お母さんの手を煩わせてはいけない。自分でできたらずっとすてきではないだろうか？　水泳を習ったことはありますか？
ロバート：うん。
アドラー：最初は泳ぐのは大変だったことを覚えているだろうか？　今のように泳げるようになるまでには時間がかかったと思う。何でも最初は大変だ。でも、しばらくするとうまくできるようになる。泳げるようになったのなら、本を読んだり、算数もできるようになる。でも、集中し、忍耐し、何でもいつもお母さんがしてくれると期待してはいけない。他の人が君より上手にできるからといって心配してはいけない。君の先生が私に君が最近進歩したといっている。すばらしい。一緒に遊ぶ友達がほしくないかい？　クラブに入ってみたらどうだろう？
ロバート：いいね。
アドラー：楽しいクラブを見つけよう。そこに行けば、遊ぶことも話すこともできる。どれほど君が自立しているかを見せることもできる。お父さんと旅行に行くのもいいと思う。ロバートが母親と一緒に退出する。

3. 生徒との議論

生徒：左利きの人に右手で書くように教えるべきですか？

アドラー：そうするのがいい二つの理由がある。まず、われわれの文明の全体は右利きであるということだ。第二に、いつも左手ばかり使うと目立ってしまう。自分が他の人とは違って独自だと信じてしまいがちだ。左利きの人についてかなり都合の悪い統計をきっと見たことがあるだろうが、私の統計は彼らの多くは芸術的であることを示している。特に弱い右手を訓練した時にはそうだ。左手の子どもを右手が使えるように訓練をすれば吃音になるという迷信がある。この迷信を真面目に取るべきではない。たしかに訓練が誤った仕方で行われ、そして、子どもが非難され辱められたら、吃音によって不適応を見せるかもしれない。私は教師がもともと素質として左利きなのか、それとも右利きなのかを知ることは非常に重要だと思う。左利きの子どもが窮境にあえぐようなことがあれば、彼〔女〕について誤りがなされ、その影響は何年も続くということを知っているからだ。

生徒：中学に入学する十歳の少年が両手を使い、非常に早熟なケースではどうしますか？　右手で書こうとすると神経質になります。泣いて、したくないというのです。

アドラー：訓練の仕方がよくなかったからだ。

生徒：ピアノを上手に演奏します。

アドラー：彼がピアノに関心があることを右手を訓練することに利用できるだろう。これは彼に科学的視点からだけ子どもに話すことができる個人的に利害関係がない人がするべきだ。ピアノを練習すれば、両手を訓練できる。

生徒：左利きの子どもにも右手を使う訓練を提案しますか？

アドラー：もちろん。多くの左利きの野球選手やプロボクサーが、左手よりも右手を使う方がずっとよくプレイできるように訓練するのを知っているだろう。成功は常にそれを求めて努力する人にやってくる。そして、これは芸術分野の左利きの人に当てはまる。われわれのケースに戻ろう。ロバートの一番大きな問題は、彼の学校での勉強であることがわかる。彼がどんなふうに部屋に入ってきて、すぐに母親にしがみついたことを覚えているだろうか。これは彼の生活全体に特徴的なことである。彼は自分を支える母親が必要なのだ。彼がわれわれの指示を実行すれば、すぐによくなるのを見ることになるだろう。

生徒：このような子どもにはどんな状況であれば体罰を勧めますか？

アドラー：あなたは私はいかなる体罰にも反対であることを確信すべきである。私が用いる方法は、小さな子どもの頃の状況を学び、説明し、説得することである。このような子どもを叩くことで何を得ることができるのか。学校で失敗したからといって、子どもを叩くことを正当化することなどできない。彼が読めないのは適切な訓練を受けていないからである。叩いてもこの訓練を改善することはないだろう。唯一の結果は、子どもが失敗のために叩かれることに甘んじ、不快な状況を避けるために学校を無断欠席するようになるということである。叩くことを子どもの観点から見なさい。そうすれば、そのことは困難を増すだけであることがわかるだろう。ついでながら、子どもについて他にどうすればいいのかを知らない人だけが子どもを叩くといいわせてほしい。

4．治療者のノート

アドラー博士のクラスでのカンファレンスの後、この患者を私（ベラン・ウルフ）が診て数ヶ月治療した。徹底的な検査によって、子どもが重い失読症、左利きの子どもたちに特有の読書障害を患っていることがわかった。彼が左利きであることは非常にはっきりとしており、身体の左半分が優勢であることによってだけでなく、直感的で早くに形成されたあらゆる左利きの運動反応を好むことによって示された。子どもは単語の内的構造という概念を持たず、単語の中になる文字を反対にし、足し算（＋）とかけ算（x）の記号を取り違え、アルファベットの個々の文字と音の対応について事実上まったく理解していなかった。私は私が案出した運動感覚方法によって読むことを教えた。すると二ヶ月後の治療が終わった頃には彼は彼の学齢よりもはるかによく本を読めるようになった。非常に難儀して母親に子どもを一人でカウンセリングにくることを許すように説得することはできたが、少年のキャンプに行くことに母親は決して同意しなかった。このケースにおいては大きく進歩が達成されたけれども、おそらく少年はいつも抑圧され、決して完全な自立を達成することはないだろう。それは生まれつきの欠陥のためではなく、母親が子どもに感情的に執着するからである。

第三章　犯罪への道

1．症例報告

今晩のケースは、八歳の男の子のものである。最初の病歴記録は次のようである。

「カール・T。八歳と二ヶ月。2Bクラス。知能指数九十八。目下の問題は家族、教師、他の少年に嘘をつくことである。何度か窃盗をし、五歳から嘘をつき、盗みを繰り返している。その前は問題はなかった」

カールの平均知能指数は九十八なので、彼が精神発達遅滞ではないと結論づけても問題はない。嘘をつくことは子どもの不安感と弱さの兆候である。われわれが嘘をつく子どもについて聞く時、一番最初に彼〔女〕が自慢する嘘をつくのか、あるいは、まわりに誰か彼〔女〕が怖れている人がいるのかを知ることが賢明である。おそらく、子どもは罰せられること、叱られること、辱められることを避けたいと思っているのである。

病歴記録には、彼が五歳で嘘をいって盗みを働いたが、それ以前は問題のある子どもではなかった、と記されている。この観察が正しければ、少年の人生における危機が五歳の時に起こったと仮定してよい。おそらく、劣等コンプレックスがあり、他の誰かよりも自分自身に関心があるのである。彼が盗みをするのは、辱められていると感じており、有用でない仕方で自尊心を高めようと試みているということを示している。

「母親は教師に子どもの父親とは結婚したことがないと内緒で話した。彼女の母親は若くして亡くなった。十六歳の時、彼女は彼女の父親の友人に誘惑されたが、その後は一度も会っていない。彼女が子どもを産んだことは知らない」

通常、非嫡出児において共同体感覚を発達させることは非常に困難である。われわれの文明においては非嫡出は恥ずかしいことと見なされている。そして、この背景のある子どもは守勢に立たされる。カールは困難な状況の中に育てられてきている。非嫡出児の多くは、犯罪者、アルコール依存症者、性倒錯者などになる。なぜなら、彼〔女〕らは重荷を背負い、成功への近道を約束するように思える違法な行動様式に引きつけられるからである。このケースにおいては父親はいない。そして、少年は共同体感覚を発達させるもう一つの機会を欠いてきたのである。

「五歳の時、母親が結婚した。継父には自分の子ども、カールよりも二歳年上の娘がいた」

カールの問題は、母親が結婚した五歳の時に始まった。おそらく、彼は十分な社会的関係を持っていたただ一人の人である母親が、母親の夫によって彼から連れ去られたと感じたのである。彼は「誰も僕には関心がない」という結論に到達したと推測できる。家族に姉を受け入れることは、複雑な要素がつけ加えられるということである。おそらく、母親がこの子どもの世話もしなければならなかったからである。おそらく、少女はよい子に育ち、父親に愛され、行儀のよい子どもだったが、このことはカールにとっては困難をさらに大きくした。結局のところは、彼はたった五歳であり、彼の以前の経験はこの新しい状況に直面するに十分な勇気と力を発達させるようなものではなかったのである。そこで、彼は問題行動のある子どもになった。

「今やさらに二人の子どもがいる。二歳半の妹と一歳半の弟である」

この他の二人の子どもたちは彼の居場所をさらに狭くする。彼のライフスタイルが、他の子どもたちが自分よりも親に好まれると信じてしまうような仕方で築き上げられたということは大いにありそうである。

「二歳までは母親と暮らした。それから、母親は乳児保育園に働きに行き、三ヶ月の間、彼はコネチカットの孤児院にいた。そこでは不幸だった。家に帰ってきた時は非常に脅えていたので、あらゆる人を避けるようになった」

母親と一緒にいた二年の間、カールはおそらく母親にしか関心がなかった。孤児院での経験は、彼のわずかしかない共同体感覚を発達させるのに役立たなかった。

「六ヶ月は母親のもとにいたが、医師のところに働きに行き、医師の二人の子どもの世話をした。カールは近くの家に預けられ、母親は彼を毎日見に行った。彼はそこでは非常に幸福で、母親が彼が五歳の時に結婚するまでそこに留まった。両親ともども救世軍のメンバーで、父親は救世軍のバンドで演奏をしていた」

カールは母親の近くにいた時だけ幸福だった。両親の仕事は、おそらく非常に貧しかったということの証拠である。

「母親は教師と面接した最初の時、泣きながらこういった。『カールのことをどうしていいかわからないのです』」

両親が子どものことで勇気をくじかれている時、そのことは子どもにとって非常に悪影響を及ぼすということをわれわれは知っている。その時、子どもはあらゆる希望を失うことを正当化される。そして子どもが絶望する時、彼の共同体感覚の最後の痕跡も失われる。

「父親は彼の行動が悪いと（かみそりを研ぐ）皮砥で打つ。日曜学校には休まず通い、先週は新しい日曜学校に行った。十五セントを渡された。十セントは運賃、五セントは寄付のためにである。家を出てから、母親は彼が正しい市電に乗るかどうかと思って、角まで彼を探しに行った。すると、彼が菓子屋から出てくるのを見た。そこでキャンディーに十セント使ってしまっていた」

これは重要な事実である。なぜなら、われわれはまわりにいるに違いないと仮定した厳格な人を見つけたからである。菓子屋は自分が差別されていると感じる子どもにとって単純な補償である。このような子どもは補償する多くの方法を持たない。菓子屋はもっともよくある補償の一つである。

「彼は教師にキャンディーを一箱持って学校に遅れてやってきた」

教師に賄賂を贈って自分を好きになるようにさせていることから、彼はかつて甘やかされた子どもであり、甘やかされることの喜びを思い出していると結論づけてよい。

「彼は四ドル五十セントを持っており、母親のものだといった。それは菓子屋で受け取ったお釣りだった。教師はお金を封筒に入れ、彼のために下校時間まで預かった。それから、教師はそれを返し、お金を母親に返すようにと念を押した。カールが一時に学校に戻り、お金を返したかとたずねられると、彼は『はい』と答えた」

このような状況で、返してないと答える子どもはいないだろう。子どもが盗みを認めることを期待できない。

「すぐ後に、教師は級友の多くが新しいおもちゃを持っており、カールから受け取ったお金を持っている子どもが数人いることに気づいた」

彼は教師だけでなく遊び仲間にも賄賂を贈りたいと思っている。このことから、カールは愛されず認められていないと感じていると結論づけなければならない。彼のふるまいが悪く、問題行動のある子どもであり、のけ者として扱われたことは驚くに当たらない。カールにとって、これらすべてのことは彼の人生の中心命題、即ち「他の人が自分よりも好まれる」ということを確かめるものであることを認めなければならない。

「教師は母親を呼び出したといった。そして、どこでお金を得たかということについて多くの嘘をついた後、訪ねてきていたおばから盗ったということをとうとう告白した」

このようなケースにおいては、教師は調べる時に非常に繊細な気配りをしなければならない。先に母親と話し、他の子どもたちが彼の盗みについて知ることがないようにしたことは賢明だった。

「カールは、一二歳までは正常で健康な子どもだった。しかし、それからはかなり病弱である。彼は一日に何度も教室から出て行く許可を求める。母親は医師に診てもらったが、腎臓に問題はなかった。学校でしばしばマスターベーションをする」

これらの事実は、さらにカールが教室で教師の注目を得たいと思っているということを示している。教師や級友を買収することではそれができない時には、マスターベーションをすることによって注目を得ようとする。

「彼は毎晩おねしょをする」

これが本当であれば、母親が彼に清潔である方法を教える時に、自分の役目を正しく果たしてこなかったと確信できる。

「デザートを食べないようにされたが、おねしょには効果はなかった。デザートなしで六ヶ月過ごした。一週間おねしょをしなかったら二十五セントをもらうという約束を取りつけたが、一度もおねしょがやむことはなかった」

彼のライフスタイルが母親から注目されることを要求するのであれば、これらの方法はどれもおねしょのような母親に対する重要な武器を放棄させることはないだろう。どうすればこの少年のおねしょをやめさせることができるだろうか。彼の目標は有用でない優越性の目標、注目の中心に立つことである。彼はこのライフスタイルに従わなければならない。だから、ある仕方で注目を得ることを止められたら、別の方法でいよいよ注目を得ようと努力するだろう。このような子どもからデザートを取り上げてみても、キャンディがほしいという欲求を増すだけだろう。彼におねしょをやめさせるよう強いる母親の方法は、カールの自分の価値が下がったという感覚を強めた。彼は家族から適切な評価を得られるという希望を失ったが、それでも注目の中心にいる方法を知っているのである。

「彼はおたふく風邪と重い百日咳にかかった。二年前、胃病を患い、一年間厳格なダイエットをしたが、この時からは病気にはなっていない」

子どもが、一年も厳格なダイエットが必要な胃の病気にかかるのはめずらしい。デザートを取り上げることによって複雑なものになったダイエットは、われわれに彼の環境について興味深い像を与える。

「彼の早期回想は二歳の時に母親の化粧ケースを窓から外へ投げ出し、通りの少年たちが家の中へと戻したというものである。『あまりに小さかったので罰せられなかった』」

誤った教育を受けた子どもたちが、十分甘やかされていないと感じると窓から物を投げ出すというのはめずらしいことではない。何歳か年下の妹のいる子どもが、手にするあらゆる物を窓から投げ出した別のケースを知っている。彼は問題行動を罰せられ、不安神経症になった。この不安神経症は何かを窓の外に投げ出すかもしれないという不安が主たるものだった。そこで、少年は一日中泣いた。またいたずらをするだろうという誇張された恐怖の中で、彼は注目を得る別の方法を見出したのである。

このようなタイプの子どもを罰すると、彼〔女〕の状態を悪化させるだけである。状況について本当には理解していないからである。この子どもに家族の中で無視されているか、差別されているかとたずねたら、通常「そんなことない」と答えるだろうが、彼〔女〕がいつも「僕（私）をもっとよく見て」という意味であると思えることをしていることがわかるだろう。嘘をつくこと、マスターベーション、盗み、そしておねしょはすべて、自分を見てほしいと思い、無視されることを怖れているので無意識に用いる道具である。

彼の早期回想が罰の観念と結びついていることに注目することは興味深い。彼は、罰を避けることができた時があったが、今このようなことをすれば罰せられるだろうといっているように思える。叩かれることに実際には異を唱えない子どもたちがいることをわれわれは知っている。そのような子どもたちを叩けば、ただ自分にこういうのだ。「もっと巧妙になって見つからないようにしなくては」と。これは犯罪者としての人生にとってすばらしい訓練である。これがまさにわれわれがこのケースにおいて怖れることである。

「医師になることが彼の野心である。彼の一番上の姉は看護師になり、彼は同じ病院で働きたいのである」

彼が本当にしたいことは、最少の努力で他のすべての人より先んじることであり、医師になりたいことは彼の野心を具体的にする方法である。彼はずっと病気で非常に苦しみ、彼の母親が病院で働いているので、カールにとって医師になることは神に非常に近くなることに等しいと想像できる。その上、彼は少なくとも姉に匹敵したいのであり、既に病院の医師が看護師よりも高い位置を占めているということを知っている。兄や姉を越えたいというのは、第二子に見られる典型的な追求努力である。これは単純でよくある物語だが、カールの準備は特別に悪かった。少年は明らかに守勢に立っている。われわれの治療は、彼に他のきょうだいと対等であり、家族に過小評価されているわけではないと感じさせることに向けられなければならない。われわれはこのことを悪い行動ではなく、よい行動によってもっと重要性を得ることができるということを説明することによってできる。

父親は、皮で罰するのではなく子どもの好意を得るよう教えられるべきである。救世軍で働いているこの父親はこの助言を聞き入れると私は確信している。母親も正しい方向に向けられると思う。たしかに困難は非常に大きい。絶望する母親と厳格な父親、カールよりも好まれるきょうだいがいるということでカールの家庭を彼にとって今より幸福にするのが不可能であることがわかれば、少年をより好ましい環境へと移すことが必要かもしれない。

母親には、カールが自分が無視されていると感じるようにさせる状況を説明しなければならない。子どもはしばしば自分の状況を理解しないで誤りを犯す。〔まず第一に母親に影響を与えることが重要である。なぜなら〕母親は影響を与える家族の重要な成員だからである。母親が子どもに自分が愛され評価されていると感じさせるのはより容易だからである。カールは友達を作ることを教えられなければならない。また、人に関心があり、彼らにとって誠実であれば、賄賂を与える必要はないことも教えなければならない。このケースは家族状況における犯罪性の起源について非常によく理解させる。少年が犯罪をするまで待つことにはまったく意味はない。今こそわれわれは始めなければならない。

2. カウンセリング

生徒：父親の宗教的な訓練と実践がこの子どもに反対の方向に進むことに影響を与えたと思いますか？　救世軍の人は非常に厳格で、自分の子どもたちに夜、昼間に犯した誤りについて悔い改めをさせます。

アドラー：私が述べたこと以外にこの少年の行動の理由があるとは思わない。病歴記録に、実際にはそこにはない考えを読みこまないように気をつけなければならない。彼が何か権威的である宗教的な考えのプレッシャーを受けて苦しんでいると聞いていれば、あなたがいわれる点を考慮に入れるかもしれないが、このようなプレッシャーについては言及されていない。それにもかかわらず、あなたの解釈は価値がある。しかし、それは別の観点からだ。この少年が完全に反抗的になれば、両親を二人が非常に敏感である点で攻撃するかもしれない。いい換えれば、両親の宗教を攻撃するかもしれない。最近非常に優れたドイツの社会学者によって興味深いいくつかの統計が刊行された。彼は、かなり多くの犯罪者が法律の執行を職業とする人の家族の出身であるということを見出した。誰もなぜ裁判官や弁護士、教師の子どもたちが非常にしばしば犯罪者になるかを説明することはできなかった。唯一の説明は私が今言及した点にあると私には思える。つまり、反抗的な子どもたちは両親をもっとも敏感な点で攻撃するということである。おそらく、これが医師の家庭に非常に多くの病気が見られる理由である。
カールの母親が呼ばれたが、部屋に入りたがらない。
アドラー：母親のためらう態度は、勇気を欠いていることを示している。おそらく、彼女も子どもの問題行動について人前で話すことを恥ずかしいと思っている。おそらく、ここにこないのは泣いているからだろう。彼女を慰め勇気づけるためにできることをしよう。なぜ私が彼女のところへと出ていかないのか不思議に思っている人もいるだろう。彼女も私がそうすることを期待していることを知っている。でも、私はここで待とう。なぜなら、彼女はわれわれが彼女の息子のケースについて大いに興奮していると信じていると想像するからだ。私は彼の問題行動について、それが非常によくあることで、容易に矯正されるかのように彼女と静かに話したい。
母親が部屋に入ってくる。
アドラー：多くの家族や教師はそれらを悲劇だと見なしていることを私は知っていますが、カールの失敗は異常なものではないと私は見ています。子どもたちはいつも正しい仕方で成長するとは限りません。ある時、教室に入っていって、「この教室にいる人で誰か何かを一度も盗んだことのない人がいますか？」とたずねたところ、すべての子どもが何かを盗んだことがわかりました。教師も物を盗んだことがあることを認めました。だから、盗みをひどいことだと見なす必要はない。とりわけ、母親が自分のことに絶望していると感じれば、子どもは大いに勇気をくじかれるからです。カールの信頼を得ようとし、彼の将来について希望を持っていると信じられるように勇気づけるのがいいでしょう。家族の他のきょうだいにはどんなふうにふるまいますか？
母親：大変好きであるように見えます。

アドラー：時には嫉妬することがありますか？
母親：腹違いの姉がいます。二人の間には少し嫉妬があると思います。
アドラー：彼女はよく成長し、非常に賢く大いに愛されていますか？
母親：はい。
アドラー：家族の中で一人の子どもが大きく進歩すると、他の子どもたちは競争することを怖れるということをしばしば見てきました。この状況を避けることは難しいです。ですから、私はあなたがこの二人の子どもたちを和解させることができればいいと思います。息子さんは自分が愛されてないと考えているのだと思います。嘘をついたり他の不正を働くのは、彼が不幸な状況の中にいるからです。彼は許され、あなたはなぜ彼が嫉妬し、自分が劣っていると感じたかをあなたは理解しているということを納得させなさい。勇気づければ、彼は学校でよい生徒になるでしょうし、お姉さんと和解すれば、あらゆる点でよい子どもになるでしょう。子どもはあなたに大いに依存していますか？
母親：はい。
アドラー：父親にも同じくらい依存していますか？
母親：父親のことをよく考えていますが、父親にはあまり近いとは思いません。
アドラー：父親がカールにチャンスを与えるように配慮することは可能だと思いますか？　一緒に散歩し、自然や世界について話させなさい。このための時間を取れますか？
母親：はい、そうすると思います。
アドラー：このようなタイプの少年との経験がたくさんあるので、私は、彼の行動は、彼が他の子どもたちと同じくらい愛されていると感じるようになるとすぐに大いに改善すると信じています。彼の今の行動は彼がお姉さんと同じほど成長する能力があると信じられていないということを示しています。しかし、彼の考えのこの誤りは、どうすればあなたの承認を得られるかを示すことで矯正することができます。彼が誤りを犯しても、私ならあなたがこれまでしてきたように罰したりはしないでしょう。もう今では、彼を平手打ちをしたり、あるいはデザートを与えないというようなことをしても何の益もないということがおわかりだと思います。もしも彼が万が一嘘をついたり盗みをしても、「また不公平に扱われていると感じているの？　何をしてほしいのかいって？」といいなさい。このような会話はカールに強い印象を与えるでしょう。私はまた、これと同じ方法で、おねしょをしないように援助ができると信じています。子どもたちがおねしょをするのは、誰かに自分の世話をしてほしいからであるというのが私の経験です。いいですか、もしも彼の求めに応じて夜中に起きなければならないとすれば、彼は赤ちゃんだった時にあなたがそうしたように、今もあなたが彼を世話をしていると感じているのです。彼は暗闇を怖れますか？

母親：彼には何もあまり影響を与えないように思えます。

アドラー：われわれが、彼が誤りを犯すのは両親の愛情を得るために姉と競うという希望をすべて失ったからだと考えるのはおそらく正しいでしょう。カールを勇気づけることを試みてもいいですか？

母親：はい。

母親が部屋から出て行く。

アドラー：正しい手がかりを見つけたのがわかりますね。腹違いの姉への嫉妬です。

少年が入ってくる。

アドラー：私は君が学校でいい生徒であるのを知っている。注意深く一生懸命勉強すれば、君の友達も先生も君のことを好きになるよ。一生懸命勉強すれば、お姉さんと同じくらい学校でいい生徒になれるよ。いいと思わないかい？

カール：うん。

アドラー：医者になりたいそうだね。医者はいい仕事だ。私も医者だ。よい医者になるためには、君自身以外の他の人にも関心を持たなければならない。病気になった時に他の人が何を必要としているかを理解するためにだ。よい友人になり、自分自身のことはあまり考えないようにしなければならない。もしも私が誰かに自分によくしてもらうために贈り物をすれば、それは本当の友情ではない。でも、私がその人のことが好きであり、嘘をつかなければ、彼は本当の友人になるだろう。私は君がこれができると確信している。いつか本当の友人ができたかたずねよう。君のお姉さんが君より年上であり、だから君より少しばかり多くのことを知っていることを私は知っている。でも、そのことは重要ではない。叱られたり、罰せられないようにふるまえば、すぐにお姉さんに追いつけ、お姉さんと同じくらい好かれるだろう。そうなれば満足かい？

カール：うん。

アドラー：お姉さんのよい友達になり、関心を持たなければならない。お姉さんは君のことが好きですか？

カール：うん。

アドラー：それなら簡単だ。彼女が勉強している時に邪魔せず、できる時には助けることだけが君がしなければならないことだ。おそらく、お姉さんがどんなふうに勉強しているかがわかるだろう、そして、お姉さんと対等であるために同じことをしなさい。お姉さんやお母さんからものを盗ってみても、自分を実際にはよくすることはできない。待って、自分の勉強をし、自分がどれほど価値があるかを示さなければならない。時には不当に扱われることがある。でも、強くなって自分は不正をしないようにしなくてはいけない。他の人に関心を持ち、だまさないことは人から愛されるためのよい方法だ。

少年が部屋から出て行く。

アドラー：私がこんなふうに話を少年にしたのは、彼がなぜ嘘をつくのか盗みを働くのか自分ではわかってないからだ。彼はすっかり勇気をくじかれている。そして、困惑する中、必死で自分の立場を確かなものにしようとしている。親はこの少年にしかるべき愛情を与えるべきだ。

教師：父親は娘の方が好きだといっています。

アドラー：父親に、そのことを見せないように教えなければならない。そのために少年と散歩をし、話をするという簡単な方法を提案しよう。カールが自分が尊敬され、高く評価され、何とかして父親が彼に関心を持っていることを感じさせるためだ。

生徒：もしも彼が再び嘘をつき盗みを働いたら母親は何をするべきでしょう?

アドラー：母親は彼にこういうべきだ。「お姉さんと対等である希望をまたなくしたの？　私はあなたが成功することを確信している。でも、そのために嘘をついたり盗むことはない」。とりわけ、母親は絶望するべきではない。しばしばこのタイプの子どもたちは後の人生で自殺をする。このような結果を避けなければならない。

第四章　支配したい少年

1．症例報告

今晩、考察するのはジョンのケースである。彼はもうすぐ九歳になる。彼の今の問題はこうだ。

「他の人とうまくやっていけない。いつも喧嘩をしたい。学校ではクラスを妨害し、愚かなふるまいをすることで注目を得ようとする」

少年が他の子どもたちとうまくやっていけないのであれば、おそらく共同体感覚を欠いているのであり、注目を得るために闘っているのであれば、有用な仕方で人生の課題に直面できるほど勇気がないと仮定してよい。

「両親は、以前から学校の教師と同じほど困っていた。非常にいたずら好きで命令に従わない」

ジョンの家庭と学校での行動は同じなので、彼が二つの状況を似ていると見なしているのは明らかである。それゆえ、彼は家でも学校でも適切に認められていないと結論づけてよい。彼がいたずら好きであり、すぐに他の人に従わなくても驚くことはない。反抗する子どもが従順であること——これは矛盾だろう——は期待できないからである。

「母親がいうところでは、少年が乳児の頃、十六ヶ月間厳しい乳母がいた。誰も、父親ですら、夜六時以後は彼の部屋に入ることを許されなかった」

明らかに乳母は両親にも厳しかった。そして子どもが寝ている時に邪魔されないことは賢明だと考える一方で、なぜ目を覚ましている時も会うことが許されないのか私には理解できない。少年は明らかに一人の乳母とだけ結びついており、乳母は共同体感覚を発達させる技術を欠いていたので、彼はある不利な状況で育った。この点については、後に彼の早期回想に取り組む時に検証されるだろう。

「家族布置は父親、母親、患者、もうすぐ三歳の妹から成る」

これはよくある家族布置である。少年はもうすぐ九歳で、一人っ子だった時期が長くあった。彼の反抗的な態度が妹の誕生まで遡れることはありえない。むしろ、彼は一人っ子の特徴を発達させたのである。なぜ彼が十分に注目されるために闘う必要があるのかはいささか理解するのが困難である。おそらく、事態を悪化させた何かが彼の人生に起こったのだろう。

「両親の関係は正常で幸福なものである。父親は少年が従う唯一の人である。以前は父親は少年に極度に厳しく、悪いことをした時には厳しく罰した」

結婚が不幸なものであれば子どもの共同体感覚の発達は妨げられることをわれわれは知っている。他方、非常に気心のあった両親の子どもは、あまりに長く赤ちゃんの地位に留めておかれ、両親に対して危険な劣等感を持つようになる。両親は子どもの前で互いに対してあまり愛情を見せてはいけない。ジョンが父親だけに従うのであれば、母親は弱く子どもが攻撃の対象にしているということがありうる。罰は共同体感覚を妨げる私が知っている最善の方法である。ジョンは乳母と母親に対して何らかの種類の共同体感覚を発達させたが、体罰を加えた父親とはどんな結びつきも確立できていないということはありうる。子どもは実際に父親を憎み始め、どこかへ行くか死ぬことを願っているかもしれない。このような態度はいつも不適応――フロイト派のいうエディプス・コンプレックスの結果である。それは人為的な問題である。子どものそれぞれの親への共同体感覚を発達させれば、エディプス・コンプレックスを防止できるように、子どもを叩けば、子どもの中にエディプス・コンプレックスを発達させることができる。

「母親と二人きりになると彼はいたずらをし問題を起こす。母親は非常に神経質になり、母親に従おうとはしないので、母親を不幸にする。彼は容易に自分の意志を通せることを知っている。母親は彼には何もできない。それゆえ、父親が少年の訓練としつけをすべて受け持っている」

ジョンの母親が自分の苦痛と痛みを子どもの前で訴えるのは賢明ではない。子どもはいつも親よりも強い。強い人と闘ってもかいはない。彼女が「あの子は私に従おうとはしない」という時、それがどういう意味かわれわれにはわからない。おそらく、彼女はあまりにも彼に要求しているのである。子どもが犬のように従うのは望ましいことではない。親と子どもの間には、仲間としての関係があるべきである。私は、盲目で不合理な従順を要求するあまりに多くの親を見てきた。この母親の行動は子どもに対して知的な破綻を宣言し、すべてのことを父親に委ねてしまった絶望した人の行動である。

「妹は非常に賢く、従順でかわいい。両親はジョンにしばしば妹がどれほど注意深く従順であるかを思い出させる。そして、妹の行動が、従うべき模範として与えられる」

非常によくあることだが、家族の中で一人の子どもが従順でなければ、他の子どもの行動は模範として掲げられる。従順な子どもが必ずしも生まれつき優しくてよいとは限らず、ただご機嫌取りの利点を学んでいる機会主義者かもしれない。一人の娘が妹が生まれた時に激しく反抗的になった家族の例を思い出す。この妹はいつもかわいくて、両親に大いに賞賛され、模範的な子どもになったが、姉の方は、ほしいものをすべて手に入れるのが最善の方法であると見た。それでも、妹が学校に入った時、姉はわがままにふるまうのをやめた。そして、残りの人生をあらゆる問題について論争することで過ごした。誤りを犯す勇気を持たなかったからである。彼女には友人はおらず、仕事に就かず、恋に落ちず、結婚もしなかった。模範的な人になって注目の中心にいるという欲求の有用なチャンネルを見つけることができなかったので、あらゆるものをシミ一つないほどきれいにするという絶え間ない努力に表される強迫神経症にかかり始めた。自分が世界の中でもっとも清潔できれいな人であると感じることで、彼女は優越性の目標を獲得した。そして、彼女に近づいたり触れたりするあらゆる人に汚されると信じた。

ジョンのケースに戻れば、妹はおそらく共同体感覚からというよりは、愛されるお気に入りであるという自負心と野心によって模範であることを享受している。それにもかかわらず、この少年が妹を好きであると聞いても驚くことはない。また、それとは反対のことを聞いても驚くには当たらない。両方の状況が、このようなケースにおいては、存在するかもしれない。

「ジョンは両親が妹を賞賛することに怒っていないように思える。彼は、妹はかわいくて、妹のことを大好きだという。母親は、彼が妹にいたずらを教えるのではないか、妹のかわいいふるまいを駄目にするのではないか、と怖れている。既にいつもしかめっ面をして、兄を真似ているのが見られる」

おそらく、ジョンは妹がかわいいことに怒っていない。彼の闘う態度の方がより優れたテクニックだと考えているからである。そうすることで、従順であるよりも多くの力を獲得できると考えている。そして、妹も兄に賛成し始めているかのように思える。

「母親と父親は一緒に働いている立派な店を持っている。母親は朝の九時に家を出て、夕方六時半に戻ってくる。家の世話はお手伝いと、彼女を監督する乳母に任せている。家は片付いており、家具の趣味はよい。六つの部屋がある。ジョンと妹は同じ部屋で寝るが、ベッドは別である。乳母は子どもたちと同じ部屋で寝る」

このケースにおける訓練はもっぱら乳母の手に握られていたように思えるが、子どもが反抗的な時には、乳母を無視する。報酬を得ていることを知っているからである。子どもたちは、親と雇い人の違いを速やかに理解する。われわれのジョンは、おそらくいつも乳母を自分の意のままにすることができたのだが、今や家庭全体を支配したいのである。

「ジョンは出産は正常だった。出産時の体重、七ポンド半。最初からミルクで育てられた。はしか、ジフテリア、おたふく風邪にかかった。扁桃腺は切除された。すぐに疲れ、神経質で筋肉をうまくコントロールできないので、神経科の病院を受診した」

ここでは二つの医学的な問題が関係している。人工乳で育てることは子どもを育てる最善の方法ではないが、私は満足に成長した人工乳で育てられた子どもたちを見てきた。貧血、栄養不良の子どもたちは、しばしば筋肉のコントロールがうまくできずすぐに疲れてしまうが、これはジョンのケースに当てはまるとは思わない。子どもたちにも大人たちにも多かれ少なかれ人生の要求に対する防衛に見える種類の疲労がある。私はこれが彼が勉強にも遊びにも関心を持っていないことの理由だと信じたくなる。彼は母親との闘いにおいては、それほどすぐには疲れないように見える。

「ジョンは適切な時に物事を覚えられないように見える。いつも着替えるのが遅い」

共同体感覚が発達していない子どもたちは協力することを拒むので、注意したり集中しない。そして、記憶力の欠陥は、他者への関心が欠如していることの結果である。二番目の点は、たしかに彼が甘やかされた子どもであることの証拠である。このタイプの子どもたちだけが着替え、食事などの問題を起こす。いわゆる厳しい乳母の一人に甘やかされ、その後厳しく鍛錬されたのかもしれない。乳母が変わることは彼を反抗させるのに十分である。

「着替える時にぐずぐずする。そこで、誰かが時間に間に合うように着替えをすますために手伝わなければならない。しばしばゆっくり着替えたり、あるいはニューススタンドで立ち止まって新聞の見出しを読むので、学校に遅刻する。夜は九時に寝るのに、午前中で疲れ果てる」

ジョンが学校に遅刻しないで行きたいのであれば、すぐに着替えるだろう。しかし、学校は彼が直面したくない問題なのである。彼は自分が支配できる状況を探しているが、学校はそのような状況の一つではない。さて、朝に起きるということは「学校に行かなければならない」ということを意味する。そして、われわれは彼がためらい疲れているのを見る。これらは現実に直面したくないことをもっともよく表現しているからである。

「母親だけでなく父親も好きだという」

私はこれを信じない。「お母さんかお父さんかどちらが好き?」とたずねたら、「二人とも好き」と答えるだろう。子どもたちは通常こんなふうにいうように訓練されているのである。たとえ訓練されているのではなく賢くても、子どもたちはどちらかの親が好きであると答えるのは得策ではないことを知っている。本当に子どもがどちらの親を好きかを知りたいのであれば、質問してはいけない。子どもの行動を見なければいけない。

「彼は厳しい父親だけに従う。他の誰にも従わない。母親はあまりに寛大で彼を甘やかす。学校でいい子でいてほしいと毎日頼むが、無視する」

母親が頼むことは、涙や怒りの爆発と同様まったく役に立たない。この子どもの目標は固定している。自分が特別に好まれないあらゆる状況を避けるのが彼のライフスタイルである。彼の最大の困難は支配できない状況の中に留まることである。母親が懇願しても泣いても無駄である。子どもが不快な状況へと押し込まれたら、いっそう激しく押し戻すのである。時には、子どもたちは前へ進むように説得されるが、いつも失敗する。なぜなら、子どもの真の目標は彼に強いられる行動には一致しないからである。

「母親は、彼が自分と一緒なら好きなようにすることができることを知っており、母親とだけにされると、いうことを聞かずいたずらをするという。妹と遊ぶのは好きだが、乳母は好きではない。そこで、乳母にはひどいいたずらをする。先週、彼は水鉄砲を乳母の口の中に発射した。父親は彼を罰し、水鉄砲を寝る時に持つことを許さないことにした。彼は人生はすべて遊びだと考えている」

子どもが共同体感覚を持っているかどうかという指標は、使用人への関係に見出すことができる。彼が人生を真剣にとらえていないこともわかる。これは甘やかされた子どもの行動パターンにふさわしい。私は、この特徴をもっと顕著な程度まで示したケースを思い出す。ある少年が、学校でいつも何が起こっても冗談をいい笑っていた。教師が質問をした時に、彼は笑って何も答えなかった。教師は彼が精神発達遅滞だと思い、私のところへ連れてきたが、私が彼の信頼を得た時、彼は正直に私に話すようになりこういった。「皆、僕を馬鹿にしたいのを知っている。学校は子どもたちを馬鹿にするために親が作ったのだ」。子どもたちを馬鹿にして笑ってはいけない。今し方言及したケースにおいては、少年の態度は幼い頃から彼を馬鹿にして笑ってきた親に由来するものである。彼は反抗的な子どもだった。そして、両親が彼に真面目であることを望んだ時、彼はそれを拒否した。このようなタイプの人は後の人生で、世界がまったくおもしろくないと思う時、自殺するかもしれない。

「ジョンはいつも遊び、学校にいる時には馬鹿なふるまいをしたいと思う。教師を困らせ邪魔をしたいと思う。責任感と他の人の権利についての感覚がない。クラスには友達がいない」

今やわかるだろうが、この子どもは、責任と教室の義務を回避し、同時に注目の中心でい続けるために何とよく発達した技法を獲得したかがわかる。実際、彼のライフスタイルを理解すれば、彼が責任感や他者の権利に何らの関心も持っていないことはよく理解できる。ジョンが彼の人生のあらゆる事実に直面しながら学校に行きたいと思っていると聞けば、私は彼の精神を疑うだろう。

「彼の級友は彼を大きな迷惑だと見なす。彼はいつも他の人を困らせ、押し、足を踏む。他の子どもたちをつまずかせたり、近くにいる誰とでも喧嘩をすることに喜びを感じている。私はいつも彼を私の机の近くにすわらせた。いつも彼の行動を観察できるように一列目にすわらせたのである。階段を降りるのが下手なので、私はいつも彼がつまずいて転び、ひょっとしたら誰かを傷つけるのではないかと怖れる。筋肉の動きを上手にコントロールできないように思える」

この報告から、ジョンが自分の意志を通し、自分を教師の征服者と見なしていることは非常に明白である。私はしばしば最前列で面倒を起こしてきた非常に甘やかされた子どもたちを見てきたが、非常に甘やかされたためにバランスを取れないというような子どもを見たことはない。おそらく、ジョンは他の子どもを笑わせるというぎこちない子どもの役を演じているのである。他方、誰も自分を自力で動くように訓練する方法を知らないので正しく歩かない子どもたちがいる。そして、子どもたち自身は学ぶことに関心がない。依存することが彼〔女〕らのライフスタイルに適合しているからである。

「通りで彼と一緒に遊ぶ友人たちはキャンプで会った五人の少年である」

通りで遊んだり喧嘩をする時には筋肉のコントロールが上手にできないのだろうか。彼は一人っ子のライフスタイルに従って成長したので、自分よりも年上の少年と一緒にいることを好むのだと推測できるだろう。これはいつも正しいというわけではないが、一人っ子は通常年上の人と一緒にいるのが見られる。大抵の問題を避けてきた少年にこのような勇気があることを奇妙に思うかもしれないが、年上の少年たちと付き合うとすれば、彼らが彼を攻撃しないだろうと確信しているからである。

「彼はいつも彼のいる通りにやってくる他の少年たちと喧嘩をしている。彼は喧嘩をすることが他の何よりも好きであり、いつもそれを他の人のせいにする。級友とあまりに喧嘩をするので、午後、学校が始まる十分前までは家にいなければならない。他の親から多くの不平が表明されたからである。警察ごっこなどの通りで行う遊びが好きである」

これは勇気というよりは英雄主義の安直な模倣である。

「彼は探偵が強盗を捕まえるミステリー小説が好きである。たくさん、速く読む。幽霊の出てくる物語とミステリー小説を好む。どのクラブにも所属していない」

今やたしかにこの子どもは間違って導かれた子どもであると主張するに十分な証拠を得てきた。この子どものライフスタイルは、公正なあるいは不正な方法で注目の中心でいようとすることに向けられている。

「五歳からキャンプに行っている。スポーツが好きである。いたずらをするので、キャンプの指導者は彼を家に送り返したかったが、カウンセラーは彼の知性を評価し、彼を留めるよう懇願した。それは主として彼の声の調子が無邪気だったからである。毎年、カウンセラーはベッドを整え、テントをきれいにすることなどの手助けをした。彼はキャンプではだらしなく、時間に遅れ、いうことを聞かないが、どこへ行っても何とか責任を逃れようとする」

私は子どもたちのためのキャンプに大いに賛成である。しかし、子どものライフスタイルが既にしっかりと確立されていれば、それを変えることをキャンプに期待することはできないといわなければならない。キャンプに子どものことを完全に理解している人がいれば、このような変化がもたらされるかもしれないが、子どもの問題行動が必ずキャンプ生活によって改善されると信じるとすれば愚かである。ジョンは、彼の有用でない優越性の目標と寄生主義を、ずるさや無知のふりをすることのような望ましくない特徴を発達させることでキャンプにおいても達成した。

「知性全般において非常に優秀で、算数の応用問題を好む。学校の宿題は好きであり、マスターできるのであればどんな学習にも反対しない」

これは優れた報告である。おそらく彼は算数で成功し、それゆえ、算数で進歩することに関心を持っているのである。彼を正しい仕方で満足させることができれば、彼の問題を解決でき、そのようにして価値のあるものに関心を持たせることができると思う。われわれは、これは状況を後になって正しく扱うための適切な方法ではないことを知っている。しかし、彼をわれわれの思考方法に説得して引き込むことから始めなければならない。彼には責任がない。なぜなら、彼は彼の人生への主たる関心が責任を回避することであるとは思っていないからである。

「精神的には身体年齢よりも一年半先んじている。1Aでは彼は教師が好きで、授業ではうまくいっていた。彼の行動はB、勉強はAだった。一月後1Bに進級した。1Bでは教師が嫌いで行動はD、成績はBだった。2Aでは行動はC、成績はAだった。2Bでは行動はD、成績はA、3Bでは成績は低下し、行動はD、成績はCだった。彼のもっともできる科目は読書と算数である。彼のもっとも不得意な科目は、筋力調整テストの結果は十歳に相当するけれども、体育である」

ぎこちないことには器質的な原因がないように思えるという事実は、特に運動に関心がないので、ぎこちない子どもの役割を演じているというわれわれの考えを正当化する。おそらく、彼は体育で批判されたのである。

「すぐに疲れ、数時間授業を受けると横にならなければならない。習字でインクを使うことを許されていない。インクで身体を汚すからである。彼の紙は整頓されていない。絵は下手である」

授業を受けた後疲れるのは、彼が教師に対して行っている悪ふざけかもしれない。

「彼は教室で他の生徒の邪魔をするという理由で絶え間なく校長室に呼ばれた。校長は、ジョンが笑えず、非常に悲しい表情をしているのはあまりに気の毒だといった。この悲しい表情は無実であるふりをするための方法である」

ジョンを校長のところへ二度も三度も送ることが望ましい効果をもたらさないのであれば、やめるべきだったのである。笑うことは様々な感情の表現かもしれない。おそらくこの特別な反抗から多くの笑いを期待するのはあまりに求めすぎである。彼の役割は間違って非難される無実の人の役割である。

「どんな問題行動で叱られても、柔らかい赤ちゃんのような声を出した。それについてずっと話し続け、少しも話をやめることはなかった。彼は行動にふさわしい口実に事欠くことはなく、しばしば罪を免れるために嘘をつく」

絶え間なく話すことで、おそらく彼よりも上にいる人を混乱させたいのである。彼の狡猾さは、父親の罰を逃れようとすることの結果である。

「少年は心理学者によって一九二八年の一月に大学の一つに検査を受けるために送られた。以下は結果の要約である。『身体面。身長も体重も平均以上。視力は弱いが、眼鏡で矯正。歯科治療の必要あり。精神年齢は十歳と三ヶ月。動きの調整と関係の認識は十歳レベル。理解は4Aレベル。算数の理解は5Aレベル』」

この検査は、われわれに少年が何か器質的な障害があるが、勇気づけされてこなかったので、適切な補償をすることを拒んできたことを示している。

「父親は五時に帰ってくるようにいうが、ジョンは従わず、すぐに戻ってこない。彼が所属するグループには、その日の終了会議の前に帰るものは誰でも告知され、六十回叩かれるというルールがある。もちろん、ジョンは自分が叩かれるよりも他の人を叩くことを好むだろう。それゆえ、定められた時間よりも長く留まるのである。彼が両親にするようにといわれたことを覚えていない。父親はジョンが非常に賢いので、このことを理解できない。ジョンの友人たちは五十セントの小遣いをもらう。ジョンも同じだけの小遣いがほしい。ジョンの両親はこんなにたくさんのお金がいるとは思わない。家では彼が必要なものはすべて与えており、彼に無駄遣いをしてほしくないからである。ジョンの友人たちは以前は彼と一緒に日曜学校に行っていたが、行かないことに決めた。ジョンもそうしたいと思っている。彼の両親は宗教指導に出席しているという」

これらの事実は、ジョンは重要な役割を果たしている彼のグループと一緒にいる方がずっと幸せであることを示している。彼は両親には従おうとはしない。彼らの要求は彼のライフスタイルには合致していないからである。

「父親はジョンに行動でよい点を取ってほしいと思っている。彼は毎日行動カードを持って帰ってくる。そして、行動を改善するよう賄賂を贈った。父親は現金支払いのためのシステムを作った。もしもジョンがBを取れば15セントを、Bプラスであれば二十セント、Aであれば二十五セントをもらうのである。しかし、もしもCであれば父親に十セントを払い、Dであれば二十五セントを払わなければならない。最近、ジョンはDの評価を持ち帰った。軽く感触を味合わせた。父親は彼を叱り、めん棒で数回軽く叩いてそれがどんなものか感じさせ、またDを取ったら鞭で打つと約束した。不幸にしてジョンはまさにその日またもやDを持ち帰った」

父親はどれほどよい意図があったとしても表面にだけ留まっている。もしもジョンのライフスタイルが従わないことを要求するのであれば、少年に賄賂を贈ってもよくならない。そして、この子どもにとっては体罰が役に立たないどころか有害であるということはあらゆる人にとって明白であるに違いない。

「学校では彼の学業は非常によいが、行動はいらだたせる。独り言をいったり、他の子どもたちに話しかけたり、注目を引くためにおどけることでクラスをかき乱す。彼の机は非常に乱雑で、何冊かの本が椅子の上に、床の上にも置いてあり、紙がまき散らされている。彼の筆記ノートは非常に雑である。ちょうど朝は彼はきれいでこぎれいなのに、一日の終わりには汚れているようにである。クラスの別の少年の父親が次のような苦情を持って学校にやってきた。ジョンがその父親の子どもと喧嘩をすると脅し、放課後ある通りの角で彼と会う計画をしていたというのである。少年はジョンが攻撃するのではないかと怖れて学校に行くのを怖れた。クラスの子どもたちはジョンがいつもリーダーになりたいと思い、他の誰にもどんな権威も持つことを許さないので彼のことが好きではない」

この報告は先に見た少年のライフスタイルをさらに確認する。もしも少年が喧嘩に秀でているのであれば、筋肉を調整するのが下手であるということはほとんどありえない。

「少年は通常、五時まで通りで遊び、それから父親の店に行く。そこに六時までいて、夕食を摂るために家に帰る。乳母が彼の赤ちゃんの妹が寝たというまで台所で本を読む。それから九時に寝る。雨の日は、父親の店に行って本を読む」

おそらく彼が本を読むことの理由の一つは、現実が嫌いで空想に耽ることを好むということである。空想の中では彼は本に出てくる英雄と自分を同一視できるのである。

「家庭での訓練としつけは非常に不満足なものである。両親とも彼を甘やかしてきた。放課後一人にさせられ、悪い習慣に入ることを許された。仲間から大きな影響を受けつつあるように思える。彼は暗闇の中にいても怖がらず睡眠中に叫ぶこともないが、睡眠中よく動く」

ジョンが暗闇を怖れないことは〔彼からすれば〕誤りである。なぜなら、もしも怖れたら、昼だけではなく夜も母親や乳母に彼に注意を払うように強いることができるだろうからである。

「彼は強盗を捕まえられるように探偵になりたい、あるいは癌の人（祖父が癌で亡くなった）を治療できるように医師になりたい、あるいは、困っている人を助けるために弁護士になりたい」

今日、癌を治すことは英雄的な行為である。野心を述べた時、彼は彼のグループの一員としての活動の像に適合するある程度の共同体感覚を持っているかのようである。通りにいる少年たちは、ある正直な伝統を持っている。彼らは互いに忠実である。そして、彼がグループに属しているということは、彼にとって非常に有益なことかもしれない。強盗よりは探偵になりたいということも安心させる。ジョンの記録はまったく望みがないというわけではない。そして、彼の成長にはよい面がある。主たる困難は強調する場所を間違ったということである。彼が闘うのは、それが彼が重要性を得るために知っている唯一の方法だからである。さあ、これからセラピーをしなければならない。親に話をし、父親に彼を鞭打たないで、仲間になるよう忠告しよう。一緒に旅行し、互いを理解することはこの父子にとっていいことだろう。

ジョン自身も両親も、ジョンの目標は注目を得ることであると知ることは非常に重要である。そうすることは少年にはより難しいだろうし、彼に彼自身の人生目標を納得させるには時間がかかるかもしれない。われわれはできることであれば彼を助けるあらゆる手段を使わなければならない。幸運にも、ここに彼の先生がこられている。私は先生が少年の行動を彼に説明し、彼をよりよい道へと導く助けになると思う。

2. カウンセリング

生徒：この子どもの目標が無意識にあるのなら、それについてどのようにして合理的に話すことができるでしょう?

アドラー：われわれは彼の心に鏡を掲げることから始める。彼に自分の態度を見せ、それをわれわれが描く他の絵と比べることができるようにする。彼が実際にどうなのかを彼自身に見させることに成功すれば、不正をしている時にこのことを考えるようになる時がきて、彼の行動の自明性は揺らぐだろう。そして、ひとたび彼が自分の行動の理由を完全に理解すれば、違った少年になるだろう。

母親と父親が部屋に入ってくる。

アドラー：息子さんのジョンを理解するのに少し苦労しましたが、成功したと思います。分担してくださったら、彼をあなた方が正常な子どもにする援助ができると思います。ジョンの主な人生目標は注目を得ることであるように見えます。これを建設的な仕方で行うことも時にはありますが、悪い仕方で行うこともあります。彼は読書と算数で進歩してきました。そして、妹への彼の態度も、後の人生で有用な人になるという彼の野心と同様、安心できるものです。しかし、彼の問題行動は少年が傷つけられ、冷遇されていると感じていることを示しています。われわれは彼の子ども時代の状況についてもっと知りたいです。もしも子どもが過度に甘やかされていたのに、後に突然慣れた援助を失ったのであれば、天国をなくしたかのように感じます。彼は残りの人生を自分が支配できないどんな状況も回避して過ごすかもしれません。もしも甘やかされた赤ちゃん時代のように努力しなくても注目の中心にいられるのでなければ、反逆者の個性を発達させ注目を得るために闘います。状況においてもっとも賞賛されもっとも強い人でない限り、母親、教師、他の子どもたちと闘うでしょう。ジョンは失ったと思っている天国を再び征服するために闘っているのです。

さて、カルテによれば、彼には最初の十六ヶ月非常に厳しい乳母がいたということですが、そうなのですか?

母親：彼女はいつも厳格でした。赤ちゃんに近づくことを誰にも許しませんでした。

アドラー：彼が彼女を好きだったか覚えていますか?

母親：その頃は理解するにはあまりに幼かったです。

アドラー：二人目の乳母は最初の乳母よりも厳しかったですか?

母親：やさしかったと思います。

アドラー：状況を正確に再構築することは不可能であるように思えますが、この少年が乳母、使用人、そしてあなたに赤ちゃん扱いされたことはありえます。おわかりのように、彼は最初の数年は一人っ子でした。あなたは彼を甘やかしましたか?

母親：私は甘やかしませんでした。

アドラー：それなら、乳母が甘やかしたと仮定しなければなりません。でも、それが誰であれ、彼の状況が突然変わったことをわれわれは知っています。どれくらいの間、面倒をかけていますか?

母親：二年です。学校に入った頃はあまり面倒をかけることはなかったのですが、七歳から悪くなりました。

アドラー：子どもの困難が学校に入った時に始まるということはよくあることです。学校では努力しないでも優越できるという立場を維持することができないのです。

母親：最初は私立学校へ行きました。そこでは多くの自由がありました。

アドラー：おそらく新しい学校に移ることが好ましい状況からそうでない状況へと変わることだと感じたのです。ジョンの行動は知的です。でも、目標を誤っています。有用であることによってだけ愛され認められるということをわからせなければ、この少年は決して変わらないでしょう。私はあなた方お二人が彼に本当の友人であるということを示す努力をするよう提案します。彼を説得してこのように思えるようになれば、彼の不従順は消えるでしょう。私は、彼は学校での居場所だけでなく、家族における自分の居場所に納得できると確信しています。校長のところへと連れて行くこと、悪い成績をつけること、平手打ちをすること、お金で買収することは役に立ちません。私の方法を試すことを提案します。よければ私はジョンに少し話をしてみて、彼が悪い子ではなく、あなた方が彼を誤解してきたのだと説明しましょう。

母親：お願いします。

アドラー：ありがとう。彼に話してみます。

両親が部屋から退出する。

アドラー：父親は私が少年が何とかなるといった時に非常に疑わしく見えた。このことは問題ではない。このような聴衆の前で親に提案をし、親が「いいえ」といえば、自分の論点に固執することで親と対立してはいけない。むしろ、そっとしておくべきだ。しばしば彼らの拒否は部屋を出た後、黙認に変わるものである。彼の両親にジョンには責任がないと指摘することが私がしたいことだ。なぜなら、親がそう見なしてきたのだから。われわれは一つの点を見逃してきた。両親が彼に日曜学校に行くことを強いているということである。おわかりのように、厳格であることで彼に宗教にも反発させている。子どもはいつも親に対する攻撃点として、親があまりに価値を置くことを選ぶ。少年が読書と算数、そして喧嘩に秀でていれば、他の領域でもよくし、完璧に行動できると私は確信する。

少年が入ってくる。

アドラー：君は私のように医者になりたいそうだね。なってみたいかい？

少年：うん。

アドラー：他の人を困難から助けることは非常に興味深い。それは実際にはやさしいことだ。そうでなければ、こんなにも多くの医者はいないだろう。君は友達が多い？

ジョン：うん。

アドラー：親友？

ジョン：うん。

アドラー：彼らのことを好きかい？

少年：うん。

アドラー：それはいい。君がリーダー？

ジョン：順番にリーダーになるんだ。

アドラー：いつもリーダーになりたい？　よい仕事でリーダーになることはすばらしいことだ。でも時には男の子は悪いことでリーダーになるのがもっといいことだと信じる。私には君はいつも注目の中心にいたいと思っていると見える。子どもの時に甘やかされた？

ジョン：そんなことない。

アドラー：じっくり考えたらいい。たぶん、君は以前ほど自分が大事にされてなくて、注目を引くただ一つの方法は、君のクラスの邪魔をしてお母さんと喧嘩をすることだと感じているのだ。たぶん、他の方法が見つからなかったのだ。でも君ほど賢い男の子ならきっともっと上手にできると思う。君は新しい方法を試すほど勇気があるかい？　君は好きなことを何でもできることを知っている。それに君が学校で一番できる生徒であることも確信している。たぶん、君はそのことを信じてなくて、試すのが怖いのだろう。皆が「ジョンはすてきな子だ」といったら、ずっとすてきではないかな？　注目の中心でいるために人の邪魔をするのは非常に卑怯なことだ。他の人を助ける方がずっと勇気がいる。クラスでもっともふるまいのよい生徒になるためにどれくらいかかると思う？　私は君なら二週間でできると思う。二週間経ったらまたきて、どんなふうか教えてくれるかな？

ジョン：うん。

第五章　大きくなることの怖れ

1．症例報告

今晩は、ジョージのケースを考察しよう。ジョージは六歳と八ヶ月、1B。病歴記録によれば、母親はわれわれが彼の言葉の欠陥を矯正することを希望して彼を連れてきている。赤ちゃんのような話し方をし、他にもしかめっ面をしたり、道化をしたり、読んだり質問に答えられないふりをするというような悪い習慣を持っている。知能指数は八十九。彼の言葉の特色は器質的な障害によるということはありうる。しかし、子どもは他にも悪い習慣を持っているので、何らかの仕方でうまく適応できていないということの方がありそうである。後者だとすれば、子どもが適切に話せないのは、他の仲間と関わるのを避けるためか、自分が安全だと感じるグループだけに交際を限るためである。他にも証拠を探してこの仮説を裏付けなければならない。だらしなく、人と交わらず、食事の好みがうるさく、臆病な子どもかもしれない。知能指数は八十九だから、知的であることは疑いがない。それゆえ、赤ちゃんのようにふるまっていることには目的があるに違いない。以前の経験から私はこの子は大きくなるという課題に直面することを怖れているのではないかと思う。

いつも哺乳瓶から飲みたいと思っていた五歳の少年のことを知っている。この非常に明白な方法で幼児という好ましい状況に自分を固定したかったのである。劣等コンプレックスを持っていた。このような子どもは「僕は大きくなりたくない」と多くの言葉を使って話さないが、自分が理解しない新しい状況を避けるという目的からすれば、彼の行動は正しい。たとえ子どもが大きくなりたくはないことを意識的に知っていても、それでもなりたくないことの理由は自分ではわかっていない。意識と無意識は決して矛盾していない。それらは同じ方向に流れる二つの流れである。

赤ちゃんのままでいたい子どもにはほとんど必ず悪い習慣がある。なぜ彼〔女〕がこの目標を選んだかを知るのは、非常に重要である。おそらくひどく甘やかされたか、顔立ちの整った赤ちゃんだったか、人生の最初に病気だったたか、一人っ子か末子だったのであろう。彼の道化やしかめっ面をすることは、注目を引くための優れた方法だが、彼が甘やかされた子どもであり、自分から失われていくと感じている楽しい状況を求めて闘っているという印象を確かなものにする。彼の赤ちゃん言葉は障害ではなく、天才的なひらめきである。赤ちゃん言葉としかめっ面は子どものすばらしい創造的な作品である。彼は赤ちゃんのままでいたいのであると仮定すれば、彼が選んだものよりも効果的なテクニックを見出すことはできないだろう。多くの子どもたちは喜劇的である方法を見つける。時には、偶然したことで笑われる。そこで、似たような行動を自分自身を笑うべきものにする芸術において実際に芸術家になるまで練習する。

読めないふりをすることで、ジョージは他の人を彼のために働くようにさせる。そして、自分自身を読むことも質問に答えることも期待されなかった赤ちゃん時代に連れ戻す。彼を非難したり、彼が行う策略のことで彼を罰するのは大きな誤りだろう。彼は嘘をついているのではない。なぜなら、彼は自分自身の目標を追求しているのであって、彼の両親が彼のために設定した目標を追求しているのではないからである。よい生徒になることが彼の人生目標であれば、彼は読み、質問に答えられるようになるだろう。その代わりに彼は「できない」ふりをしているのである。これをわれわれの心理学の言葉に翻訳すれば、その意味は「僕は赤ちゃんだ。僕からは何も期待してはいけない」である。

病歴記録にはこう書いてある。

「家族構成は、十四歳年上の兄と十一歳と九歳の姉である」

これはわれわれの仮説の二番目の裏付けである。末子として、彼は非常に甘やかされたのだろう。

「兄と姉は非常にしばしばジョージと喧嘩をする」

これは興味深い。なぜなら、ジョージはすっかり臆病であるというわけではないからである。年上の子どもたちは彼が勇気をすべて失っていれば、彼と喧嘩をすることはめったにないだろう。

「姉、特に十一歳の姉と相性がよい。上の姉は非常に能力がある子どもで、母親が病気の間、代わりに家事をしていた」

明らかに上の姉は彼が望む種類の注目を与えている。母親はおそらく最初彼を甘やかせたのであり、姉は時折母親を模倣する。

「兄はジョージを叩き、友達について不平をいう。特に、ジョージが家に連れてくる有色の小さな男の子にそうする。兄は、ジョージのマナーはひどいという」

これらの「ひどいマナー」は赤ちゃんのマナーである。私はそれらがひどいとは思わない。私はそれらは非常に芸術的であると思う。赤ちゃんのようにふるまおうとするのであれば、赤ちゃんとして自分を守らなければならない。彼は自分の目標を変えることはできない。自分の状況を洞察できないからである。ジョージに、大きくなるというのは力を持つということであり、過去の楽園を探すよりは進歩を求めて努力する方がよりよいということを理解させることが非常に困難であるとは思わない。

これはわれわれに学校に価値があることを示す。なぜなら、ジョージは、もしも教師が大きくなることの技術に熱中するように彼を勇気づけ訓練をすることができれば、未来への開かれた道を持つことになるからである。母親ももっと彼を自立させるように説得しなければならない。そして、家族の他の成員と彼の遊び仲間にもっと関心を持つよう促さなければならない。兄には彼の方法が間違っていることを教えなければならない。子どもたちの誰も彼がしかめっ面をする時に笑うべきではない。彼らは彼にこのような安直なやり方で自分を重要にする機会を与えるべきではない。

「家族の他の子どもたちはジョージの赤ちゃん言葉を聞くのを嫌がる。兄と姉は学校の成績はよく、二人とも知能指数は高い。下の姉の知能指数は低い。ジョージはハンサムなブロンドの少年である。そして、他の子どもたちは黒くて少しも魅力的ではない。母親はいう。『私たちは彼を愛さないわけにいかない。彼はブロンドで非常にかわいかった』」

ここには彼は甘やかされた子どもであるというわれわれの仮説のさらなる裏付けがある。

「父親はイタリア人で、煉瓦積み職人である。母親はアメリカ人である。両親は互いに仲良くない」

これは子どもの成長を複雑にする要素である。両親仲がよくなくて、少年があまりに母親に依存すれば、おそらく父親を愛から排除するようになるだろう。これが彼の人生をあまりに狭くし、責任を負わなくてよい赤ちゃんのままでいたいと思うことの理由である。

「ジョージはある日、非常に取り乱して学校にやってきて、こういった。『お母さんが一晩中家に帰ってこなかった。父さんが母さんを泣かせ、母さんは出ていって、帰ってこなかった』。そのことが午前中ずっと彼を悩ませ、家に帰る時間ではないかと私にたずね続けた」

母親が一晩中帰ってこないのであれば、この家族における喧嘩は非常に激しいものであるに違いない。このような状況では、子どもが共同体感覚を発達させるのは困難である。明らかに彼は母親に深く結びついている。

「母親は帰宅した時、彼に映画に行ったが、気分が悪くなって家に帰ってこられなかったといった」

これは母親が子どもに嘘をつくということを示している。私は子どもに本当のことを何もかも話すようにと助言するべきではないが、こんな見え透いた嘘ではないものを見つけることができると確信している。

「一時、家族の状況は非常に安楽だった。南部に動産があり、車も所有していた。母親は南部を去る時残念に思った。長く病気になり、父親も何ヶ月も失業した。数ヶ月前、彼は学校に資金援助のためにやってきたが、今は働いている」

ここにこの子どものケースにおける別の困難がある。少年はおそらく彼の子ども時代はお金は多くあり問題も少なかったので、今の状況よりもかなり幸福だったことを覚えている。

「母親には別の州に住んでいる甥がいるが、彼にもジョージと同じような言葉の問題がある」

これは母親が遺伝を信じているのではないかと私に推測させる。この他の少年の母親はジョージの母親の妹にあたる。彼女たちはどちらも子どもたちを甘やかさせた家族の出身である。これは遺伝の問題ではなく、似たような環境が揃ったケースである。われわれは家族の伝統を考察から排除してはいけないが、完全に調べると、性格が遺伝するという考えは単に無知な迷信にすぎないことがしばしば見られる。

「子どもの出産は正常だったが、彼は食事を摂るのが困難で、三歳まではしばしば病気になった」

おそらく消化管が過敏だったのか、おそらく母親がただ食事を与えるのに巧みではなかっただけである。病気の間、大いに甘やかされたということはありそうである。なぜなら、これは彼の家族の伝統に一致しているからである。

「扁桃腺を摘出する手術を受けた。両親がそうすることが言葉を改善するのに役立つと信じたからだが、効果はなかった」

当然のことながら、彼の状況は扁桃腺の摘出によっては何も変わらなかった。少年が赤ちゃんでいたいのであれば扁桃腺があろうとなかろうと赤ちゃんでいるだろう。

「医師たちは母親に、言語器官には何も問題がないということを確信させた。学校医は、いくつかの虫歯は別として、状態はよいと見ている。学校では、他の子どもたちは彼を好み、彼がしかめっ面をするのを見ておもしろがる」

幼い子どもたちは簡単に喜び、ジョージは他の子どもたちをおもしろがらせるように自分を訓練する。

「しばしば、押したり、近くにすわっている子どもたちに話しかけたりして級友と喧嘩になる。学校にくる時は清潔に見えるが、すぐに靴下を靴の上に引き下ろし、シャツのボタンを外す」

これらはすべて役者としての彼のレパートリーのトリックである。

「コートをかけることは決してなく、ただそれをクローゼットに投げつける。寒い日もコートを着ないで登校した。冬のコートは彼には短すぎるというのである。ランバージャケットも、穴が開いているからと着ることを拒んだ」

だらしないことは甘やかされた子どもの紛れもない兆候だが、ジョージは虚栄心もあり、身なりが悪いと見られたくない。おそらく、両親が裕福だった時にきれいな服を着ていたという事実は、彼の人生における重要な要素である。いつも穴の開いたコートを着ていたら、〔今と昔の生活の〕違いがわからないだろう。

「算数の成績はよく、上手に読めるようになってきている」

これらは彼が学校の困難を克服しつつあるということのよい兆候である。親切な教師がいることは明らかである。さもなければ算数に苦労するだろう。

「字は非常に下手で、ノートは乱雑で汚い」

この点から、彼が左利きかもしれないと推測できる。そうであれば、書くことは彼にはことのほか困難である。

「彼は左利きを矯正している。教室では左手を使おうとはしないが、左手で数字を非常に上手に書くことができる」

彼が左利きであり、書く時に右手を使うことの弱点を完全には補償していないというわれわれの仮定は正しかった。このような子どもたちは、しばしば読み方を学ぶのが困難なので、上手に読めないので愚かだと見なされる。しかし、仔細に調べれば、彼〔女〕らは右から左には非常に上手に読むことがわかる。鏡映文字。

「賞賛にはすぐに反応する」

これはほとんど説明の必要はない。

「不器用なのではなく、できないふりをしているのである。例えば、教師が見ていると、紙を折れないふりをするが、見ていなければ、完璧に折れる」

何度も何度もこの少年の人生目標を見る。自分に親切な人皆に彼がお願いしたことをさせることである。自分が赤ちゃんでしかないことを証明しようとしている。

「着替えができない。身体を洗われるのを嫌う。母親が洗うと大騒ぎをして、あらん限りの声で叫ぶ」

彼が甘やかされてきたということのさらなる兆候である。母親が洗おうとする時に叫ぶのは、洗われるのが嫌いだからではなく、母親に面倒をかけたいからである。

「母親は鞭打ちをして彼を罰する。そして、時には騒ぎを避けるために十一歳の姉にほうびを与えて洗わせる。自分で食事をするが、非常にゆっくりと遊びながら食事をする」

他の仕方で息子を甘やかせすぎた母親は、ただ鞭打つだけでは身体を洗うことが必要であることをわからせることはできないだろう。食事の時間が自分にもっと注目させる機会になったのは明らかである。

「家では従順ではない。しばしば学校でするのと同じ顔をする。おもちゃや服を片付けない。九歳の姉と同じベッドで寝る。上の姉も同じ部屋で寝る」

このような睡眠の規則は講じられる最善のものではないと母親にいうべきである。

「父親はまったく彼を罰しないが、母親と息子の関係は父親と息子の関係よりもずっと強い。母親は、もしも息子が父親の方を好きであれば、『ひどい』と感じるだろうといった」

これはわれわれのケースに強い光を当てる。母親と子どもとの間の絆がより緊密であることは明らかだったが、実際には母親が子どもが父親の仲間になることを妨げてきたように思える。たとえ母親がいわなかったとしても、われわれは同じ結論に到達したかもしれない。というのは、もしも結婚が不幸なものであり、子どもが母親の方に傾けば、母親は無意識、本能的に子どもを父親に対するパルチザン（同志）にするからである。

「通りで何人かの少年と遊ぶが、少女たちと遊ぶ方を好む」

このような好みは彼のライフスタイルに適合する。彼が女性を好むのは、母親と姉に甘やかされたからである。彼のために家庭教師を見つけることが必要であれば、この点を考慮しなければならないだろう。たしかに子どもに誤った感情的な執着に留まることを許すことは賢明ではないが、最初はわれわれは彼にあまりに厳しく接することはできないことを思い出さなければならない。彼に家庭教師が必要であれば、女性がいいと私ならいうだろう。

「大きくなったらカウボーイになるのが彼の野心である。なぜなら、彼が映画の中で見るカウボーイは皆闘うからである」

勇気をくじかれた子どもたちが空想の中で英雄の役割を果たすことはよくある。この少年にとってカウボーイであることは神に近づくことである。この少年を進歩させることはそれほど難しくはないはずである。彼の野心は彼が本当は大きくなりたいということを示している。そうすることが容易であればということだが。いい換えれば、彼は適当な条件下で英雄になりたいということである。

「彼は、男の人がやってきて彼の家のドアを持ち去るという夢を見る」

この少年の夢をほとんど推測することができるだろう。このような子どもにふさわしい夢は大きくなることの危険を表すだろう。そして、この夢によって自分を欺き赤ちゃんのままでいたいという欲求を正当化するだろう。さて、この症例において述べられている夢はかなり奇妙だが、解釈できると思う。もしも誰かがやってきて家のドアを持ち去れば、家は開け放され守られないだろう。ドアは防御であり、ジョージは自分を守ることに大いに関心があるのである。

彼の筆跡のサンプルから彼が左利きであるといういくつかの兆候がある。例えば、彼は「M」を逆さまにし（→「W」）、紙の左端の余白が非常に狭い。字が非常に汚い。

ここでもっとも重要な仕事は母親にジョージを父親と和解するよう説得することである。年長の子どもたちは彼を批判せず、彼のしかめっ面に注目しないようにいわれるべきである。母親は彼をもっと自立させようとしなければならない。彼が洗い物をしたり、自分の身体を洗ったり、家族のために買い物に行く時、ほうびを与えることができる。私は教師は彼を完全に理解しており、ほとんど教える必要がないと思う。教師は彼のノートが少しでも乱雑ではない時に彼をほめる機会があるかもしれない。ノートが汚くても叱ってはいけない。注目を引こうとする時には、教師は反応を誇張するだろう。教師は、本当に注目してほしいのであれば、彼のために彼の仕事をすべてすると他の子どもたちの前ではなく、個人的にいうかもしれない。それから何かこのようなことをいうはずだ。「いい、あなたのお母さんはあなたを少しばかり甘やかしたの。だからいつも誰かにあなたのために働き、あなたの世話をしてほしいと思っているのよ。でも、それは大人になる方法としてはよくはない。赤ちゃんのままでいたいのであればいい方法だけど」

2. カウンセリング

ジョージが母親にしがみついて一緒に部屋に入ってくる。アドラーとは握手をしようとはしない。

アドラー：どうして私と握手をしないのかね。私は君の友人だ。見たところ、君は大きな少年だから、お母さんがいなくても一人で歩けるはずだ。君は赤ちゃんではないだろう？

少年はアドラーと一緒に母親のもとから離れる。

アドラー：友達は多い？　親友かな？　友達を助ける？

ジョージはこれらの問いのすべてに同意して頷くが、アドラーを見ない。

アドラー：（聴衆に向かって）おわかりですね、ジョージは私が彼の友人であることを確信していない。私の方を見ない。（ジョージに）私が君を噛むとでも思っているのかい？　君は何が一番したい？

ジョージ：絵を描きたい。

アドラー：画家になりたいの？

ジョージは答えない。

アドラー：画家になることよりも好きなことは何？

ジョージ：カウボーイになりたい。

アドラー：カウボーイになったら何をしたい？

ジョージ：馬に乗ってみたい。

アドラー：馬に乗るためならカウボーイになる必要はない。君は何でもしたいことができると思う。赤ちゃんになりたいの？　それとも、教師、それとも医者になりたいのだろうか？

ジョージはこれらの問いに「いいえ」で答える。

アドラー：君がもっと学校の勉強に注意深く取り組み手をきれいにすれば、君はもっと好かれ、君の先生も君をほめてくれるだろう。君のお兄さんは君に乱暴ですか？　お兄さんにもう君と喧嘩をしないようにいおう。君が赤ちゃんのような話し方をすれば、君の話を聞かないようにともいおう。これからは、君が赤ちゃんのようにしかめっ面をしたら、誰も君を見ないだろう。君が望むなら一日中いつでもそうすればいい。大きくなったら何をしてみたい？　上手に話し、朗読するようになりたくないかい？

ジョーズ：なりたい。

アドラー：それなら、自分で着替えをして身体を洗い、きちんと食べ、もう赤ちゃんであるのをやめ始めなければならない。いつも赤ちゃんのようにふるまっていたら、どうしてカウボーイになることができるだろう。それは君を訓練する正しい方法ではない。

少年は走って立ち去る。

アドラー：彼が急いで立ち去ったことは、彼が人前では快適ではないことを示している。でもわれわれは彼の頭に新しい考えを吹き込んだと思う。

アドラー：（母親に）ジョージは自分で赤ちゃんの役割を創り出しました。おそらく、小さい頃、快適な状況にいたことを覚えており、それを取り戻したいのです。このため、彼はあなたに面倒をかけ、身体を洗い、着替え、赤ちゃんであり続けることをあなたに強いるのです。いたずらっ子でいようとは思っていない。学校でも家でもいい子なのです。私は彼がすぐに困難を克服することを確信しています。彼を援助したいのなら、彼のしかめっ面に注目し、そのことで彼を非難してはいけません。彼がしかめっ面をする時、他の子どもたちも彼を無視するようにしなさい。赤ちゃんのように話す時には、彼のいうことが聞こえなかったかのようにふるまいなさい。大人の少年のように話す時には、彼をほめなさい。彼はあまりにあなたにもたれかかり、他の人のことをあまりに恥ずかしがります。お兄さんやお父さんが彼と仲良くする努力をすればいいでしょう。学校では適切に勇気づけられているのを私は知っています。あなたも彼の援助をすれば、すべてはうまくいくでしょう。時間がかかっても、自分で身体を洗い、着替えさせなさい。正しい方向で努力しているのを見れば、彼をほめてこういいなさい。「今やあなたは大きくなり、もう赤ちゃんではないのが嬉しい」と。彼の悪い習慣はすべて彼が大きくなることを怖れているという事実によって引き起こされています。大きくなることは危険なことではないということを理解するように勇気づけられなければなりません。彼に説教をするのではなく、赤ちゃんのように話す時は正しく話そうとするまでは彼に注目してはいけません。

母親は指示を実行することに同意する。

アドラー：（生徒に）おわかりのように、時には私は多くの直接な指示をたくさんすることはない。というのは、誰もこのような子どもを治療するために必要なちょっとしたこつをすべて母親に話すことはできないが、母親が状況の全体を理解すれば、何をすればいいかわかるからである。あらゆる緊急時を顧慮する規則を与えることはできない。もちろん、この家族はかなり不幸に見えるが、時には、家の中のちょっとしたわずかな変化が雰囲気の全体をよくするだろう。

生徒：どのようにすれば子どもを甘やかすことなく子どもを愛することができますか？

アドラー：あなたが好きなように子どもを愛することはできるが、依存的にさせてはいけない。あなたは子どもを自立した存在として機能させる義務があり、一番最初から子どもをこのようにできるように訓練することから始めなければならない。子どもが親は自分のいいなりになってばかりだという印象を持てば、愛について誤った考えを持つことになる。

第六章　反抗的な「悪い」少年

1. 症例報告

今晩は十二歳と五ヶ月の少年のケースである。今の問題は彼が手に負えないということである。喧嘩をし、保護観察中に盗みを働いたということで告発されている。両親は彼を施設へ送るように助言されている。

このような指示が出ているのは、おそらく両親はこの子どもに正しい生活をするように説得する方法を見出してこなかったことを意味している。誰もが、たとえ個人心理学でかなり訓練されている人ですら、子どものライフスタイルを変えることができないと感じるケースがあることは疑いないが、正しい方法を見出すことを決してあきらめてはいけないし、われわれができなければ他の人がその方法を見出せることを疑ってもならない。非常に困難なケースにおいては、問題のある子どもや大人に次のように話しかけることは時には賢明である。「私はなぜ君がこのようにふるまうか知っていると思うが、君に私がわかっているほどはっきりとわからせることができるかはわからない」。これは通常、患者によい印象を与える。このタイプの子どもたちと大人には劣等コンプレックスと優越コンプレックスがある。そして、どんなケースも治せると考えるほど自惚れていない、あるいは失敗を認めなければならない時に苦しまないような教師やあるいは医師を見出せば、そのことはどんな教師も彼のことで成功するということを示さなければならないと信じる親、とりわけ子どもにとって大いに救いになる。このような子どもに「おそらく私は成功しないだろうが、他の人なら成功するだろう」という態度で近づけば、敵意を和らげることができるだろう。

このタイプの反抗的な子どもは喧嘩や盗みでも告発されることが予想される。彼は欺かれたと感じるが、彼の権利、おそらくは劣悪な環境と闘うほど勇気がある。病歴記録には、保護監査中であると書いてある。保護観察中であるということはそれ自体としては悪いことであり、われわれがこの少年に保護観察が始められる前、四年か五年早く会わなかったことを残念に思う。現在、少年は保護観察中ということで汚名を着せられている。両親が彼を施設へと送るように勧められているという事実は、家族が彼を改善するためにあらゆることをし尽くしたということ、彼の環境について絶望していること、そして、矯正できない少年という烙印を押したということを意味している。目下の状況では、私は彼を施設に送ることに反対はしないが、しかし一体どこへ送るというのだろう。誰がこの少年を理解し、有用な人生に向けて彼を訓練するのだろう。この子どもが自信を持てるようにすること、彼を援助しようとする教師や医師を好きになることが必須である。このようなことをしてもらえるために彼をどこに送ることができるのか私は知らないが、心理相談所が彼の学校にあれば、問題はそこで彼にとって有利に扱われるだろう。その相談所では友人か保護観察司が彼のために見つけられ、家では見出すことがなかった人間としての仲間関係を経験することになるだろう。よくあるのは、このような少年を少年院に送ることであるが、大抵の若い犯罪者は少年院にいたことがあるということを私は見てきた。私は少年院で更生したという人が誰がいるのかと強く疑う。

症例記録に戻ろう。

「過去の問題は次の通り。学校での困難、盗みと喧嘩。三ヶ月間保護施設へ送られた」

保護施設に預けたことが、この子どもの抗議をただ誇張しただけであることは疑いない。

「家族はドイツ系である。厳格で真面目な家族の中では一番上の娘を好んだ父親は結核で亡くなった。母親は彼女の二人目の夫よりも年上である。継父はニコラスと非常に仲がよい。姉は六歳の時に亡くなった。ニコラスよりも二歳上だった。別の、患者よりも十三ヶ月年上の姉は生きている。彼には今、四歳の腹違いの妹がいる。一番上の姉が死んだ時、ニコラスは四歳と四ヶ月、父親が死んだ時には六ヶ月だった」

明らかに父親はニコラスの共同体感覚を育むような人ではなかった。われわれは彼の家族の中の死が彼にどんな印象を与えたかを知らなければならない。腹違いの妹は八歳年下で、おそらく彼にとってライバルではない。彼のライフスタイルは妹が生まれる前に固定され確立された。それゆえ、われわれは彼のまわりの彼に困難をもたらす人は彼の姉であると思い切って推測できる。そして、姉は非常によく成長し、よい少女で、母親に好まれていると仮定することができる。彼は自分が冷遇されていると感じており、競争できないことを怖れている。おそらく、彼は姉に秀でるよい方法を見つけてこなかったので、勇気をくじかれているのである。

「父親と母親は互いの間のどんな困難なことでも不平をいわない。ニコラスと一番上の姉は絶え間なく喧嘩をする。彼の継父は彼によくし、信頼を得ようとする。ニコラスは腹違いの妹のことを非常に好んでいる。母親はもはやニコラスには我慢がならないといい、やかましくて家を汚くするので、彼をどこかへやりたいと思っている」

これらは非常に重要な事実である。ニコラスと姉との間に競争関係があるというわれわれの仮定は確かめられた。継父は善意の人のように思える。ニコラスと和解する方法は十分ではない。われわれが仮定したように一番下の娘はライバルではない。しかし、ニコラスと患者の間には闘いがある。そして、彼についての母親の発言のトーンから、母親と少年との関係はよくないと確信してもよい。われわれはニコラスが姉よりも秀でたいと思っているが、姉があまりに強いと思っているということを知っている。彼は母親が彼の味方をすることを期待し、彼女がそれを拒むと乱雑であることや喧嘩をすることで母親を攻撃する。勇気をくじかれたことを盗むことで表現する。彼はやかましく汚くすることで母親の弱点を突いた。もっとも大抵の十二歳の少年はやかましく、汚いのだが。

「継父は肉屋を持っている。母親はわずかな年金を受け取り、家族のために家事をする。家族の状況は普通である。五部屋あるアパートを持ち、両親には自分たちの寝室があるが、二人の少女は一緒に寝て、ニコラスはダイニングのソファで寝る。ニコラスはメソジスト教派の日曜学校に通っている。出産は正常だった。そして『よい』赤ちゃんだった。五歳と一月半で離乳させられ、十歳までは顕著に背が低かった。歩き始めたのは十三ヶ月、話し始めたのは十六ヶ月の時だった。現在、彼はマスターベーションをしている」

背の低い子どもたちはしばしば非常に攻撃的である。ニコラスのケースでは、彼が小さかったということは姉と競争することをかなり刺激したかもしれない。幼い不適応な子どもたちのマスターベーションは、主として注目を得たいという欲求に由来するというのが私の考えである。そして、このことは患者が母親からもっと注目されたいと思い、おそらく母親が姉の方を大切にしていると彼が感じているというわれわれの仮定に一致している。

「彼は大学付属病院で精神科医の診察を受け、ブロム剤と下垂体抽出物が処方された。治療は続かなかった。母親は、少年の父親が死ぬ前は、彼のことで困ることはなかったという。困難は、ずっと後、二度目の結婚の後、彼を連れ戻した時に始まった」

母親は最初の四年はニコラスを非常に上手に扱ったとほとんど信じたくなる。それから父が亡くなり、少年は施設に送られ、再婚後、母親は彼を連れ戻した。おそらく、継父が彼から母親を奪ったので、継父は少年の心をつかむことができなかったのだろう。

少年は戻った後、適応できなかった。準備ができていない新しい状況に入ったからであり母親とうまくいかなくなったのは、自分の重要性が減じた責任は母親にあると信じたからである。

「父親の死後、少年は二ヶ月間父親の義理の姉の家に受け入れられた。この家庭には他に二人の子どもがいて、継母はニコラスも姉も二人とも悪いと不平をいい、二人を養うのにもっとお金がほしいと思った」

これが二人の子どもたちが合わない環境にいたので闘い始めた状況である。

「それから、ニコラスは知らない人の家に預けられた。そこには他にも三人の子どもがいた。この家族は不潔で、ニコラスと彼の姉に十分食事をさせなかった。ニコラスは、外のトイレに行く時に、他の子どもたちともめ喧嘩になった。それから、三番目の家庭に預けられた。そこでは子どもたちは家の外で遊ぶことを許されなかった。母親は子どもたちを訪ねた時、ニコラスがベッドで泣いているのをしばしば見た。母親は本当は子どもたちに親切によくしたかったのであり、訪ねた時はいつも子どもたちに贈り物を持ってきた。年長の少女は時々ニコラスの姉を連れ出したが、ニコラスは家に残した。彼はこの家に母親が再婚するまで一年半留まった」

少年は辱めの経験を繰り返した。そして人生の最初の六年にひどく苦しんだ。

「ニコラスは、初めて家に戻ってきた時、ひどく泣き、ほとんどずっと母親の膝の上にすわった」

この少年の状況についてのわれわれの仮定をこれ以上よく確認にするものはまずないだろう。子どもは母親を求めたが、母親を見出すことができなかった。そして今や、母親と一緒にいるのに、母親は再び彼を施設に送りたいと思っているのである。ニコラスは母親に愛され、近くにいることを切望しているのである。

「ニコラスは『僕は家から出て誰も僕のことを知らないどこかへ行きたい』という」

自分の権利を求めて闘っている子どもたちからしばしばこのような言葉を聞く。それは汚いことや、マスターベーションと同じことを意味している。本当は汚くしていたいわけではないし、家を出たくも、マスターベーションをしたいわけでもないのである。彼がこれらのことをするのは復讐しようと思ってのことである。彼が今の状況の中で絶望しているのは確かである。信頼できる人が誰一人いないからである。

「彼はまたこうもいう。『勉強が難しすぎるからもう学校に行きたくない。施設に戻れたらいいのに。あそこが好きだった』」

これらの発言は犯罪者としての経歴の始まりのよく知られた指標である。おわかりのように、自分の仕事があまりに難しいと信じれば、生計を立てるために盗みを働かなければならないと感じる。そして今や、この少年は犯罪者になり、刑務所に行きたいかのように、空威張りしている。このような発言は絶望的な怒りの兆候である。彼について多くのことができる前に少年の信頼を得なければならないと私は考えている。

「彼は朝急いで部屋の中に駆け込み姉に彼の世話をさせる。彼は食事を求めて叫び、姉をからかい、いつも母親には生意気であるけれども、時には母親に優しいこともある。彼は父親には口答えをし、従順ではなく、父親を助けることを拒む」

ここに家族ドラマの全体がある。食事を求めて叫ぶことで、結局彼はこういっているのである。「僕はあなたが私の世話を十分しないから不当に扱われているのだ」。姉と父親は彼の敵であり、母親に復讐をしているのである。

「驚くほどの量の食べ物を盗む」

これは彼自身が食べ物を食べるのか、あるいは、それを他の人に与えるのかを知るために、もっと注意深く調べなければならない点である。糖尿病の子どもたちはしばしば多くの食べ物を盗みたいという欲求を持っている。このような子どもたちはいつも空腹で喉が渇いており、誰かが彼〔女〕らが糖尿病であることを見出すまでは、やっかいな子どもだと通常見なされる。

「彼は家から走り出て何時間も戻ってこない。十三歳になったら家から出て行くといっている」

これは、彼が家から離れたいということだけではなく、彼を追いかけることで母親を忙しくさせたいと思っているということを意味している。

「テーブルでは暴食をする」

これはわれわれが既に言及したことの確証である。

「三ヶ月前まで彼は学校の特別クラスに入れられていた。彼は他の子どもたちと喧嘩をし、わざとゲームを台無しにする。またこれらの子どもたちから盗み、下品で口汚い言葉で罵る」

この少年が学校でうまくやっているとはほとんど期待することはできないだろう。なぜなら、彼が本当に欲していることはお気に入りになることであり、教師も子どもたちも彼が彼が好むような重要な役割を演じることを許さないので、彼らを貶め辱める方法を見出すからである。彼は自分の価値を高めるために彼らから奪い、そして仲間を罵ることで人為的に自分でしかわからない仕方で自分を高めようとする。

「彼は『子どもたちがよりタフだったところ』へ戻りたい。彼は特別クラスでは知的には他の子どもたちよりも優秀だった。教師には生意気で、従順ではなく、手に負えず、むくれており、神経質で、いらいらし、反抗的で、理屈っぽく、挑戦的である。権威に尊敬の念を持たず、教師と校長はいつも彼を嫌った。初めて登校した日、三輪車を盗んだ。二日目にはボールを盗んだ。それ以来、盗みを繰り返し、二人の年上の少年と一緒に家の中に押し入りさえした。彼は裁判官に施設に行きたいといったのでそこへ送られた」

不幸なことにニコラスは学校という共同体に自分を適応させることができなかったので犯罪者の道を歩み始めた。彼は彼に課せられた罰のことで得意になる。

殴られ平手打ちをされる多くの子どもたちは「痛くない。僕を叩いてほしい」という。彼は自分の理想を維持するために進んで苦しむことで、ある力の量を示す。彼に必要なのは、これ以上堕落することを防ぐ方法を知っているよき仲間である。

「彼は二匹の猫の尻尾を父親の肉切り包丁で切り落とし、鶏を追いかけるために荷台から逃がした。駐車してある車を発進させ、坂道を転がした。ある時、女性の住まいから二十ドルを盗んだ。店などから多くの小さなものを盗んだ」

これらの犯罪はすべて疑いなく彼には動物にも人間に対しても共同体感覚がないことを示してい

る。彼は人を困らすためならどんなことでもするだろう。もちろん、一つの見地からは、少年は彼がしているようなふるまいをすることには根拠がある。彼の目標は舞台の中心にい続け、母親や教師、さらには彼を好きではない他のすべての人を苦しめ、罰することだからである。

「気晴らしのために本を読み、時折映画にも行く。友達はいない」

この種のケースにおいては、友達がいないことはおそらく幸運である。なぜなら、もっと簡単に友達を作ることができたら、彼は確実に不良グループに入り、そこでは認められ、受け入れられるだろうからである。

「彼は一人で歩き回り、荷馬車に飛び乗り、遠くまで乗って行き、それから他の荷馬車を待ち伏せそれに乗って戻ってくる。通りで少年たちに会えば、彼らを止め、誰なのか、どこへ行くのか問い、いつも軽蔑する発言をするので、喧嘩になる」

彼は手に負えない浮浪児のようにふるまい、少しばかり勇気を示すが、もちろん、これは有用な人間になるための適切な訓練ではない。

「彼はボーイスカウトに入るためにお金をもらったが、それをたちどころに使ってしまった。父親は彼に自転車、楽器のような多くのおもちゃを与えた。彼は特別クラスにいて、成績はよく、読書も、綴り方も、国語もよくできたが、絵を描くこと、音楽、手仕事は下手である。彼は母親あるいは姉が手伝うのでなければ宿題をすることを拒否する。父親には決して援助を求めない。いろいろな時期に調べた彼の知能指数は八十五から百三に及んだ」

これらの点はまたもや彼が継父を家の征服者と見ていること、そして、彼が決める条件のもとでなければ勉強をすることを拒否することを示している。知能指数の範囲が広いことは、知能指数の結果がいかに試験時の状況に依存しているかを示している。

「家族は彼が毎日何らかのトラブルに入ることで不平をいう。彼らは彼が警察に連行されることにうんざりしている。隣人たちは絶え間なく彼の行動に文句をいい、起こることはすべて彼のせいにされる。彼の姉は少年が彼女を辱めるという。患者は家の中はあまりに窮屈で、父親は彼にあまりに多くの仕事をすることを望んでいるという。教師は彼に特別クラスに戻ってほしいと思っている。クラスの他の子どもたちは彼を嘲笑し、彼を喧嘩に巻き込む。校長は彼にやさしくあろうとし、少年に協力させることを試みている。教師は彼にスポーツに関心を持つことを試みているが、これまでのところは彼はあらゆる申し入れを斥けてきている」

この少年は、私が見るところでは、校長も教師も正しい道筋を歩んでいるのだが、彼の人生目標、つまり他の人に面倒をかけることを達成することに見事に成功している。おそらく、クラスの少年の一人が友人として彼の信頼を得ることができれば、喧嘩は終わるだろう。

「彼は本を読み、一人でいたいと思う。それなのに他の少年たちが邪魔をするという。夜に家に帰ってくるまで彼がどんなふうに自分の時間を過ごしているかを知っている人は誰もいない。教師の一人が彼を自分の車で一日中ドライブに連れ出し、それから彼女の友人と一緒に夕食をした。ニコラスは自分を非常に好ましく人の役に立つように見せ、急ごしらえの夕食のためのテーブルをセットする手伝いまでした」

時には彼がいかに武装解除できるかということがわかるだろう。しかし、時々ではなくずっと役に立つ方法を見つけなければならない。

「彼の早期回想は次のようなものである。一ペニーを求めた時、父親が彼をテーブルのまわりを追いかけ回したこと、そして姉が通りで他の少女と喧嘩をするのを見たのを覚えている」

これが彼の最初の回想であるとすれば、彼の実父はおそらく彼にやさしくなかったのだろう。姉が他の子どもたちと喧嘩をしているという回想は、彼女が喧嘩早く、彼と喧嘩をする時には彼女の方に責任があると感じているということを確認する。

「父親の葬式に行きたくなかったので、花屋の裏に隠れたことを覚えている。火葬場での葬式と姉が棺桶の中に正装して横たわっていたのを覚えている」

この少年は明らかに死によって非常に強い印象を受けてきているが、父親の葬式に行くことを拒んでいたのは、父親の死に心動かされたからなのか、自分に復讐したかったからなのかをいうことは難しい。この少年が医師になりたいと思っていると聞いても私は驚かないだろう。死を経験した多くの子どもたちは医師になりたいと思う。

「夜に夢を見る。そして、夜中に悪夢を見て叫び声を上げる。時には、葬儀屋に行き、すてきな柔らかいベッドの上にすわる夢を見る。葬儀屋はいう。『そこをどけ、そこは死んだ人に服を着せるところだ』。それから、彼は死んだ人がベッドに横たわっている部屋へ駆け込む」

彼が夜に叫ぶことは、母親に母親がいなければ暗闇の中で一人でいる勇気を持っていないことを説得するための手段である。死の主題が反復されることは、この考えがどれほどはっきりと彼の問題の可能的な解決として彼の心の中で照らし出されているかを示している。結局、まったく希望がない少年の可能性は三つしかない。放浪、自殺、犯罪である。

「時々、マンテルの上の小さな像が目を開け、彼を見て、少しずつ大きくなり、炎となって消えるという夢を見る。別の夜には、男たちが窓から中をのぞき込むが、彼に見えるのは彼らの頭と目だけである」

これらは興味深い夢である。昼も夜も敵に囲まれていると彼が考えていることを示しているからである。彼は大いに驚き、叫び声を上げ母親を呼べるように自分を訓練している。これは自分は臆病であり、母親ですら彼の世話をすることはできないと彼が感じていることを確認するためである。

「彼は陸軍か海軍に入りたいが、与えられるどんな仕事でもするだろう。弁護士にはなりたくない。あまりに一生懸命勉強しなければならないからである。肉屋にも医師にもなりたくないといっている」

医師になりたくないと彼がいっているという事実は、そのことをある程度は考えているということを示している。しかし、結局は医師になることを考えることは笑うべきことだと思う。なぜなら、学校ではまったく進歩していないからである。肉屋になりたくないのは、それが継父の仕事だからであり、継父のことが嫌いだからである。しかし、残酷である傾向を克服できたからかもしれない。この少年が犯罪者になることを選ぶとすれば、殺人者にはならないのではないかと思う。強盗になることの方がありそうである。

「旅行するセールスマンになり、世界を見てみたい」

このケースの教師の解釈は次の通りである。

「母親は多くの仕方でニコラスには親切だが、母親は彼が自分に苦痛を与えると感じており、何とかして彼を追い出したい。なぜなら、夫との幸福を彼が台無しにするのではないかと怖れるからである。彼女は彼が大きな問題となって夫が家族の状況全体を嫌になってしまうのではないかと怖れており、子どもか夫かどちらかを選ばなければならないと感じている。ニコラスは私にもう食事を求めて叫んだりはしないと約束した。その言葉を守っている。また、一週間、放課後午後にパッケージを配達する手伝いをするために継父の店に出向くことを私に約束した。彼は初日はそうしたが、その後は行ってない」

さて、われわれはこの症例の最後にさしかかった。私は教師の母親の心の状態についての解釈は全面的に正しいと思う。われわれはニコラスをもう長い間知っているかのようにニコラスのことを熟知している。われわれは彼が危機的な立場にあることがわかるが、彼が気持ちを変えられることを知っている。教師が彼の友人になることができているからである。この少年のために、学校で絶え間なく喧嘩をすることがやむように、別の友人を見つける必要がある。そして、姉が彼よりも好まれているという彼の思わくが誤っていることを彼に説明しなければならない。われわれは彼になぜ彼が第二子として非常に野心があるか、そして、なぜ再婚したということで母親を許せないかを話さなければならない。われわれは継父にもっと少年の力になって仲間となるよう説得することを試みなければならない。学校の教師は大切な位置を占めている。しばしば話したように、犯罪の波が抑止されなければならないのは学校において、そして教師による。学校は社会の進歩の中心にならなければならない。学校はすべての社会改革の出発点である。われわれは一度の面接で母親を説得し、ニコラスは愛されてないと思っており、それゆえ罰したり、警察を呼ぶと脅してもいけない、むしろ、彼が家族の大切な一員であると感じるようにさせなければならないということを理解させなければならない。社会適応があまりできていない姉は喧嘩早い態度とニコラスとの競争関係を放棄しなければならない。

2. カウンセリング

母親が部屋に入ってくる。

アドラー：息子さんのことであなたとお話したい。彼のケースを吟味しましたが、絶望的ではないとわれわれは考えています。われわれが見たところ彼は知的な少年であり、彼の初期の教育においてなされた誤りを見つけそれを矯正すれば、非常によくなるでしょう。私はあなたがこのことをしようと一生懸命試みられたと確信していますが、彼も自分が不当に扱われていると感じていることをあなたに示そうとしているのです。彼のことも非常にいい生徒であり、いい成績を取っているお姉さんと同じように愛しているということを説得することはいいことでしょう。われわれは息子さんがお姉さんがはっきりとした利点を持っていると信じているということを見ました。彼はお姉さんとは太刀打ちできないと感じているので絶望しているのです。彼が面倒を起こし、あなたと家族を困らせているのはこのためなのです。

担任の先生は彼のケースを非常によく理解してこられ、友達の作り方や学校の成績をよくする方法を教えてきました。私は同じことが家でもできると思います。彼を信頼することから始めるのがいいかもしれません。「妹のために買える本を知っている？」「自分の部屋がほしい？」「今日は昼食に何を食べたい？」。こうすることで子どもは自分が重要だと感じるでしょう。お姉さんにも彼と喧嘩をしないよう感化しなければなりません。彼女は彼が母親が他の子どもたちを好み、そのため家での不幸な状況は変えられないと感じているので希望を失ったということを理解させなければなりません。

母親：彼のふるまいはひどいので彼のことを好きな人は誰もいません。

アドラー：彼があなたの家に戻ってきた時、彼はおそらくあなたを自分一人だけのためにいてほしかったのですが、その代わり、お姉さんとご主人が彼を追い払ったことを知ったのです。この時に問題が始まりました。あなたは優しい母親なので、彼があなたと一緒にいた最初の頃は、どうすれば彼と友達になれるかをおそらく理解されていたのですが、彼が戻ってきて、問題が始まると彼をどう扱っていいかわからなかったのです。彼をよい少年にしようとあなたは努力されたのですが、その際、彼をあまりに非難してしまいました。もしも友達が誤ったら、微笑むだけでよく、誤りにやさしく注意を向けさせればいいのです。腹を立てることはありません。叱るべきではありません。もしも有用だと思われるのでしたら、私が彼と話をして、これまでされてきた誤りについて説明してみましょう。あなたが彼のことを他の子どもたちと同じほど好きであることをわからせてみましょう。家を彼にとって魅力的なものにするのがあなたの課題です。そして、家族全員が彼と和解しなければなりません。先生と私も力になりますが、あなたは忍耐しなければなりません。進歩には時間がかかるからです。この少年は非常に深刻で困難な状況にいますが、それを彼に知らせてはいけません。決して、「ひどい目にあうわよ」などといってはいけません。いいですか、彼は勇気を失っているのであり、安楽な人生を送りたいとだけ思っているのです。人生にもっと勇気を持って立ち向かうよう勇気づけるのはあなたの義務です。

少年が入ってくる。

アドラー：初めまして！　ここにいる君の友達の近くにすわって、君は何が一番したいかいってくれないだろうか。

ニコラス：ウェスト・ポイントへ行って、馬に乗り、銃を運びたい。

アドラー：牧場や農場ではできないの？

ニコラス：できない。農場には肥えた馬しかいないもの。

アドラー：速い馬、競馬が好きなの？　お姉さんともどちらが先頭を行くかを見るために競争しているのですか？

ニコラス：うん。

アドラー：私は君は十分勇気があるとは思わない。お姉さんは学校ではいい生徒だ。でも、君はよい生徒である希望をなくしてしまったように私には思える。君の先生は、君がもっと勉強に注意を払ったらよい生徒になれると確信している。私は君が賢い少年で、やってみればクラスでもっとも優れた生徒の一人になれると思う。しばらく時間はかかるかもしれないけれど、きっとそうなる。今すぐウェスト・ポイントには行けない。入るにはかなり勉強しないといけない。ウェスト・ポイントに行く最善の方法は、今の学校の勉強を勇気を出してすることだ。友達がいなければ、ウェスト・ポイントでは孤独になるだろう。まず学校で友達を作ることから始めるのがいい。喧嘩をするよりも、仲間と友達になることができないといけない。

おそらく、君のお母さんが君のことを十分愛していなくて、君のお姉さんも君のことを大切にしていないと君は思っているのだ。私は君のお母さんが君をたしかに愛しているのを知っている。君のお姉さんにもいつも君と喧嘩をしないように言付けよう。私が君ならお父さんと仲間になるよ。お父さんはやさしくてよい人だ。君に対立していない。君のお母さんはお父さんのことを愛している。君も大きくなれば女の子が君のことを愛するようになり、君と結婚することになるだろう。お母さんがお父さんを愛しているということは、君のことを愛するのをやめたということではない。お母さんは妹さんもお姉さんも愛している。君は家族の一員なのだ。もう少しお母さんを手伝ったら、お母さんもお姉さんもきっと君のことをもっと愛してくれるだろう。さて、来週、他の人がしたくはないことを二回だけすることを君に提案しよう。そうしたら、ここにもう一度やってきて私と会いなさい。成功すると思うかい？
ニコラス：うん。

第七章　ハンガーストライキ

1. 症例報告

今夜はベティのケースを考察する。ベティは六歳の少女で主たる問題は食べる時の困難だが、食事の量は多かれ少なかれはっきりと彼女のまわりの人への態度に一致している。彼女は状況がまさに彼女が気に入るものでなければ、食べ物に対して特有の憤りを示す。これは甘やかされた子どもに特有である。他方、同じように食欲がなくなる結核、くる病、あるいは感染症のような器質的な病気を注意深く排除しなければならない。時には二歳半の子どもたちがわれわれが不適応な子どもたちに見出すのと同じような兆候を持っている。彼〔女〕らは調べると一定の器質的な変化を示し、食べようとしないのは当然である。子どもたちと関わる人はいくらかの医学知識を持つことが必要である。非専門家の心理学者とソーシャルワーカーは、診断する時に危険な誤りをしないように十分注意するべきである。けれども、ベティが食事を摂ろうとしないことはまわりの人への態度によって異なると聞く時、それは医学の問題というよりは心理学の問題ではないかと疑ってもよい。

症例記録はさらに次のように続く。

「彼女の状態はとりわけ母親と一緒にいる時に好ましくない。子どもが食べ物をほしがることはめったになく、ほとんどいつもぐずぐず食事をする。食べる時は食べ物を少し頬に入れたままにして、呑み込まないといけない時に苦しそうに見える」

これはベティが母親の世話にいよいよ強く依存したいと思っていることのほとんど間違いのない証拠である。おそらく母親は最初ベティを甘やかしたのであり、それから間違っていたことに気づき、甘やかすことを断念したのである。もちろん、子どもは高い地位を突然失ったことに腹を立て、そして母親の方はおそらく食べることの重要性を過度に強調したので、ベティは母親のもっとも弱い点を攻撃しているのである。子どもが呑み込めないのは、脳に非常に重い器質的病気がある稀なケースだけである。子どもたちも、呑み込むことが困難な大人と同様、通常、食事の時に注目を引きたいと思う。彼〔女〕らは大きな危険の中にあるように思われ、気も狂わんばかりの努力をし、テーブルについている仲間をずっとさせることに成功するが、他の誰かが呑み込み方を教えるのは非常に困難である。「最悪の食事は朝食である。朝食の時にはベティに何かを食べることを強いることはほとんどできない」

私の説明が正しいかは確かではないが、これは私にはベティが母親に昼間に起きるかもしれない困難をあらかじめ味わわせる子どもの朝の歌のように見える。多くの神経症者、特にうつ病のケースにおいて、彼〔女〕らの病気を復活させたいかのように、朝になると悪くなる。親は朝に食べることを拒否すれば大いに困る。おそらく、親は子どもの健康が損なわれると信じているからである。ベティの権力がどのように大きくなり、食べることを拒否することによって彼女が家を支配し始めるかを見るのは容易である。子どもの目標は家族を支配することであるように見える。なぜ彼女がこの目標を選んだかを理解するためには、彼女の家族の中での位置を理解しなければならない。私の最初の推測は、彼女が一人っ子であり、何らかの理由で彼女の家族を支配することが非常に重要であるというものである。

「長い間、彼女は吐くことに訴え、食べ物の好き嫌いがたくさんあった。食べることを強いられると吐いたものである。最近、嘔吐の発作を起こした。これは学校での出来事によって促された。教師は、彼女にベティが食べることを拒否したものを残さず食べるように要求したのである。ベティはこれは不当であると感じた。他のどんな食べ物も倍の量を要求してきたし、学校と家庭で食べたものの長いリストを持っていた」

私はしばしば子どもたちは食べることを強いられるべきではないと主張してきた。子どもたちはわれわれよりも強いからである。私はこのレポートから、ベティにはとりわけ厳格な教師がいたと結論づける。子どもの抵抗は厳しい扱いを受けた。これは家庭での不確かな規則よりも悪いものだった。以前は神経発作が出た時には、冷たい水をかけたり大きな声を呼びかけることが広く行われていた。そして、しばしばこれは発作を止めるのに成功した。しかし、度を超して野心のある人がこのような発作という手段で自分がしたいようにすることに失敗すれば、ただちにもっと効果的な方法を求めて見回す。非常に野心的で支配的な女性のケースを思い出す。彼女は渋滞している時に夫と一緒に車に乗ることに耐えられなかった。恐怖を感じいらいらすると手かハンドルを掴んだものだが、これは運転している時に夫を止めるか、邪魔をするためだった。彼女がこれをした時には、夫は自分を抑えることができないことを彼女がわかるまでいっそう速い速度で運転した。これを治療、あるいは処置と呼んでもいいが、戦争中によくあった治療方法を思い出させる。兵士がヒステリーを起こして震えたり、話すことができなかった時、医師によって電気ショックを与えられることで苦痛を与えられた。

兵士たちは震えを止めるか、叫んだものである。これは治療ではない。心理学的な態度にもとづく身体の症状も大きな力を使うことで非常に簡単に消すことができる。しかし、個人の行動パターンはそれによっては変わらない。人は常に別の虚構の優越性に役立つ道を見つける。ベティの食べ物についての気まぐれと嘔吐を止めることは容易だが、後に別の症状を発達させるだろう。

「二次的な問題がある。過去二年の間に彼女は母親も含め、他者に対して非社会的な態度を示し、反抗するようになった。彼女は人に挨拶することを拒む」

われわれは既に彼女の発作は主として母親に向けられていると推測した。人に挨拶することを拒むことは非常によくある兆候であり、説明するのに興味のある兆候である。なぜなら、それは人が互いに挨拶することの起源全体と結びついているからである。大人の環境を支配することを目標とするような多くの子どもたちは、教師や通りで会う人に挨拶をするのが困難である。彼〔女〕らはこのような挨拶は服従の証拠であると感じるからである。例えば、ウィーンではこの服従という感覚は暗に示されているだけではなく、実際に言葉として表現される。よくある挨拶は「ゼルヴス！」（servus、こんにちは）である。これは実際に「私はあなたの奴隷（servus）である」という意味である。それはローマ時代に遡る挨拶の形式だと思う。ローマ時代には奴隷は主人に自分の帽子を持ち上げ、「私はあなたの奴隷です」といわなければならなかった。もちろん、アメリカでは挨拶はむしろ友好的であるということの指標である。

「ベティは自由に、あるいは礼儀正しく彼女が会う人に話しかけない。そして、しばしば暴言を吐く。彼女はひどい目にあわされたと思い込んだことを忘れず、一つの固定された不満の考えから別の考えへ移るだろう。現在は新しいことを経験したくはない。新しい状況や年のいった人であれ、若い人であれ、新しい人を避けるが、たまたま知らない子どもと遊びたい時には他の誰かにあらかじめ接触させる用意ができている」

これは子どもの共同体感覚が発達させられていないことのさらなる証拠である。

「彼女は大いに考えているように思え、しばしば長い間静かにしていたいと思う。その時間を考え込むために使う。しかし、しばしばこのムードから非常に知的な問いを持って出てくる」

他の心理学は、特にチューリッヒのユング博士の学派は、この思索的な態度は子どもが内向的であることを示しているといったものである。子どもはたしかに内向的であるが、それは先天的な状態ではない。われわれはそれがどのように人為的に発達させられたことかを理解できる。ベティは孤立しており、他の仲間とは結びついていない。それゆえ考えるしかないのである。もしも子どもが仲間といることを好み強い共同体感覚を持っていれば、ユングは彼女を外交的と呼ぶだろう。これはただ彼女が適切に教育され、共同体感覚を経験し、共同体感覚に従うことができる状況の中で育ったということを意味しているだけである。私は内向的と外交的であることが固定した性質であるとは考えない。

「アウトドアと自然は彼女にとって非常に重要である。彼女は絶え間なく田舎に住もうと頼む。そして、景色が特別に魅力的である時には、彼女は大喜びして感動して『世界は美しくない？』という」

子どもが社交的あり、それでいながら自然にも関心があれば、それは非常に幸運である。しかし、人間に興味がないこの子どもについては、私は彼女は自然を愛しているが、勇気があるからではなく、弱いからであると信じたくなる。このような自然への愛は社会的な接触を怖れ、どこか小さな島あるいは森の中の小屋の中で人類から完全に孤立したいと思う人の間にしばしば見られる。

「しかし先日、日が射す朝の新鮮さと美に感動したように思えた時、彼女は鋭くいった。『不機嫌であるのが好き』」

これもまた彼女が人と結びつくことができないということ、それゆえ、不機嫌であることは彼女に残されている数少ない活動領域の一つであることを示している。不機嫌であることはまた母親を不機嫌にさせる手段でもある。だからこそ、彼女は不機嫌であることが好きなのである。

「両親は食べることの問題は生まれてからずっとあるが、彼女の他の問題は最近に起こったという」

これはただベティが手段を変えたということであり、全般的な状況は変わっていないという意味である。

「一番近い親族は母親、父親、子ども一人から成る。両親間の関係は愛情のあるものであり、たとえ経済的な圧迫と、母親が親密に接触している母親の実家に長く続く病気のためにかなりの緊張があったとしても、この家庭には真の結婚の幸福があるといわれるかもしれない。両親は二人とも非常に神経質であり、時折神経の爆発が起こる」

単独子は通常、大家族の中の子どもよりも、注目の中心にいることを要求する。そして、われわれは既にこのような子どもが親が互いに深く愛しているのを見て、冷遇されていると感じていることを見てきた。結婚は不幸なものであれば、子どもがそれに適応するのは難しいが、われわれは、幸福な結婚が子どもを育てる時にもっとも重要なことであると主張することはできない。われわれは、子どもの親への関係を理解できるためには、家族の状況を常にその関係の中で見なければならない。

さて、われわれはベティの母親との衝突に関してもっと多くの手がかりを持っている。母親が家族の病気にかかりきりになっているということが、子どもへの関心から気をそらせたのは疑いない。両親の神経の爆発は、子どもたちにとって、とりわけ彼〔女〕らが野心的な子どもたちであり、舞台の中心にいることに慣れていれば、常に困難である。このような爆発のためにベティは自分の優越性を証明する機会を持つことができない。彼女は共同体感覚が欠如しているので、家族の外の人と結びつくことが妨げられている。神経の緊張は彼女にとって家族の内部での可能性を閉ざした。彼女の優越性を表現する唯一残った領域は、食べ物の気まぐれを維持することであった。

「父親は作家であり、母親は仕事に就いている。収支を合わせるには二人の収入を合算することが必須である。アパートには四つの明るい大きな部屋がある。両親は自分たちの部屋を持っている。子どもは自分のベッドで一人で寝る。ただし部屋は女中と共有している。父方の祖母がいる。彼女は最初から子どもの食べ物と体重のことをあまりに心配している。そして、このことについて絶え間なく子どもが聞こえるところで議論をする。祖母は怖れを親に押しつけることに成功してきている」

新たな問題が出てきた。祖母は通常子どもたちを過度に甘やかし、とりわけ父方の祖母であれば、このことは母親に面倒をかける。われわれは、父方の祖母とベティの母親の間に意見の違いが存在するとあえて推測する。祖母は食べ物の重要性と意義についての子どもの考えを増幅し、子どもに食べることは世界でもっとも重要なことであると信じるようにさせた。

「祖母の母親への態度は、子どもの前でも危機的なものであり続けた。そして、母親は、祖母の影響が子どもに目下の悲観的で非友好的な態度を持つようにさせたと信じている」

注目の中心にいることで家族を支配したい子どもが、非常に親切で心配をし、子どもが十分に心配されていないと信じる祖母の側につくのは当然である。しかし、祖母が重要な役割を果たしたことは疑いないけれども、おそらく祖母だけがベティが困難であることの原因ではない。

「子どもは生まれてきた時には完全に健康だった。数ヶ月、母乳で育てられ、それから離乳させられた。そのすぐ後に、彼女は腐ったミルクを与えられ、そのことが治癒に長い時間がかかった激しい腸の障害を引き起こした。成長は正常だった。十四ヶ月で歩き、十五ヶ月で話し始めた。すぐに文章で話し正しい複数形を使った」

腸の障害はこの家族における食べることとの重要性について別の手がかりをわれわれに与える。もう一つのデータは重要である。子どもが並外れて知的であることを示しているからである。

「彼女の習慣はすばらしい。非常に清潔だが指しゃぶりをした。この習慣をやめさせるのは大変だった」

一般に指しゃぶりは注目を引きつけるための手段である。おそらくベティにこの習慣をやめさせるのは難しかったであろう。これは自分が絶え間なく見られ、守られているということを確信させるための安易な方法であると見ていたからである。しかし、この習慣についてはいくつかの異なった解釈がある。指しゃぶりについてのフロイト派の解釈は、それは性的コンプレックスであり、倒錯であるというものである。ずっと理にかなった説明はニューヨークのデイヴィッド・M・レヴィ博士によって提唱された。レヴィ博士は、子どもがあまりに容易に流れ出る母乳が出る母親に育てられると、口と顎の適切な訓練を欠き、指しゃぶりはその補償であるという。私はレヴィ博士の説明はたしかに指しゃぶりの一面を説明していると思うが、どんな子どもも、指しゃぶりをすると自分が見張られ観察されていると感じれば、この習慣を形成するようになるとも考えている。

「ベティの手が縛られた時、彼女は吐くことに訴えた」

いい換えれば、彼女は別の方法で自分の方が強いということを証明したのである。フロイトは、彼女は性的欲求を抑圧しなければならず、それゆえ吐いたというだろう。

「母親はベティが初めて吐くことに訴えたことが、制約や食べ物に対する反抗であったか思い出せない。彼女はいつも禁止に対して激しく反抗している」

われわれは、支配したいと思っている子どもたちが禁止に対して我慢がならないということをすぐに理解できる。このような子どもたちは罰することでは影響されない。

「ベティはおもちゃを取り上げると脅かされた時まだ二歳だった。それに対してこう答えた。『かまわない。おもちゃなんかいらない。窓の外を見て、考えることができるから』」

この子どもは何と容易に虚構の優越性目標を維持していることか。彼女は自分の方が強いことで自尊心を表現しているのである。

「家族の社会的な地位は中流階級の上である。両親の友人たちは主として専門職に就いている。子どもは進んで父親に屈し、非常に父親に愛着している。父親が母親を抱擁する時、子どもは『私にもキスして』とか『私も抱っこして』というようなはっきりとした抗議の声を上げる」

子どもが、両親の互いへの愛情は自分のものであるはずの愛情を妨害するものであると考えているのは明らかからである。

「母親は働く必要があり、子どもは二歳半の時、度を超して緊密に結びついていた母親から離すために数週間、よく訓練された優しい乳母のもとへと送られた。両親も乳母のもとへ送ることで、食べる問題も矯正されることを希望した。これは、母親が家族の病気のために家を不在にしなければならなくなったすぐ後に行われた。母親が不在の間、子どもは悲嘆にくれ慰めようがなかった」

彼女を甘やかす母親がいなくなることは、無論ベティには理解できなかった。それは子どもにとって真の悲劇だった。

「子どもが家から離れていた時、数日間、深く悲しんだが、ついには自分が置かれた状況を理解し、一見したところ、適応したように見えた」

「一見したところ」はここで使う正しい言葉である。なぜなら、後の発展は彼女が母親を決して許さなかったことを示しているからである。

「母親は、子どもはやむなく家から離れさせられたことを決して忘れず、それを許さなかったと考えている。このことがあったすぐ後で、彼女は実験タイプの私立保育園へと送られた」

母親はベティの状況をそれの改善方法を知らずに理解したように思える。

「彼女はひどく泣き叫び、食べることを拒み、吐くことで学校に対して激しく反抗した。これが三ヶ月続いた」

ベティは抗議をする時に大きな力を見せている。ある仕方では私はこれは前途有望な兆候だと思う。この力が有用なチャンネルへと向けられると、子どもはリーダーになるだろうからである。

「それから、子どもは突然泣かずに学校に行くと宣言した。それ以来この点については、問題は起こっていない。今や幼稚園の年長組であり、非常に人気がある」

彼女が突然変化したのは、学校で自分の問題をマスターするよりよい方法を見出したか、より有利な状況を見出したからである。彼女が人気があることは、彼女が他の子どもたちに関心を持っていないことからするとかなり驚くべきである。しかし、多くの甘やかされた子どもたちは人を引きつけるすばらしい技術を発達させることができる。このことがおそらくベティのケースにも起こったのである。

「最近まで彼女は年上の少年たちに引かれていることが顕著に見られた。そして、彼女の魅力をうれしそうにふりまいた。彼女の影響は非常に際立っていたので、教師たちはどんなふうに少年たちの心を捉えたかを学ぶ努力をしたが、手順を学ぶことはできなかった」

これは彼女が他の人を彼女を甘やかせる優れた技術を持っているというわれわれの考えを確かめる。彼女の少年との手順は、おそらく彼女が父親を懐柔したのと同じである。

「彼女は彼女の学校の教師も一人が行ったサマーキャンプに過去二年、それぞれ三ヶ月間、家から離れて参加した。去年はキャンプの他に別の子どもと子どもの両親と一緒に二週間旅行をした。彼女は非常に愛想よくふるまったので、親たちは彼女を絶賛した。しかし、毎年、キャンプの前は行かないという。そして、今年も同じことをいうのだが、毎年非常に喜んで出かける」

ここでわれわれは子どもが皆に愛される方法を知っているというさらなる証拠がある。彼女の出かけることとの抗議に関する限り、彼女はこれをただ親を困らせる手段として使っているのである。

「今年はクラスの友達がしているように、母親と一緒に行くといい張る」

さて、これが彼女の心の中で燃えている火である。母親と一緒にいたいのである。彼女は非常に知的に母親に義務を果たさせようとしている。「私の友人たちはお母さんと一緒に行く。私もお母さんと一緒に行きたい」

「彼女のレクリエーションは正常である。通りで遊ぶ友達はいない。毎日午後四時半まで保育園にいるからである。彼女の傾向はピアノに向いている。彼女はたしかに才能がある。先生についたことはないが、いくつか非常に美しい小品を作曲した。彼女の学校の先生は彼女は何でもやれば見事にできるという。彼女は勉強に関しては過敏であることが観察されている。他の人より優っていると考えなければ安心できず、勉強も遊びも不利な目に遭うことを怖れる時はしない」

ベティのふるまいは学校では申し分がない。どんな非難がされても彼女のプライドと野心にとってあまりに大きな侮辱になるだろうからである。

「彼女はきょうだいがいないことを残念に思い、家で遊ぶ人がいないと不平をいう。友人が呼ばれるが、再び一人にされるといつも問題が起こり、母親が仕事をしていて家にいないことに絶え間なく激しい抗議をする」

彼女は本当にきょうだいをほしいと思ったかは疑わしい。おそらく、弟も妹もほしくないと思っているのは確実である。彼女の不平はむしろ母親への非難と見なすことができる。彼女は本当に母親に家にいて、自分だけをかまってほしいと思っている。

「子どもは涙を流したり、祈ったり、訴えかけることで母親を家にいさせようとした。例えば、彼女はいう。『お母さんが家にいさえすれば、私はお母さんの友達になる』。一日の経過は彼女の年齢には普通である。知られている限り、彼女は夢を見ないでよく眠っている。ただし、時々は、ライオンと虎が階段を昇ってくると叫び声をあげて目覚めることがある」

ベティはついに夜中に両親を苛立たせ、自分にかかりきりにさせる方法を見出した。ライオンはこの目的のためには非常に有用である。

「母親は毎朝彼女を学校へと連れて行く。父親はしばしば彼女を迎えに行く。幼児の頃から、この子どもの関心は、ほとんど他の人――子どもも大人も――の反応を見ることにだけあったように思える。この傾向は非常にはっきりと現れるので、時にはただ反応を観察しコメントをするためにだけ反応を引き起こすだろう。彼女は非常にすばやく正確に彼女が見るものの特色を報告する。彼女の心が論理的で分析的であるのは確かである」

これは何を意味するのだろうか。絶えず人々の反応を観察しなければならない作家である父親を明らかに模倣しているのである。あなた方の多くはおそらく女性は論理的で分析的であることはできないという迷信を知っているだろうが、ここにそれが誤りであることを証明する例がある。どんな少女も、このケースのように、自分の目的に役立つのであれば、論理的で分析的であることができる。

「彼女は次のようなゲームを作った。ベティが裁判官で、遊び仲間は、裸の女性を逮捕し、ベティ裁判官の前に連行する警官の役をするというものである。ベティ裁判官は次の文を宣告した。『裸の女性にできることは、電気椅子で処刑することだけだ』」

これは重要なゲームである。なぜなら、まず第一に、彼女は性の違いを理解していることを、第二に、劣等感を発達させたことを示しているからである。裸の男性ではなく裸の女性について語っているのである。これは彼女の男性的抗議である。つまり、自分が女性であることに腹を立てるのと同時に、男性になりたいということを示しているのである。彼女が父親を模倣していても驚くことはない。彼女の高い野心は彼女の女性の役割についての考えと一致していない。

「裸であることそれ自体は彼女にとって驚くべき事実ではない。いつもキャンプ仲間が裸でいるのを見てきているからであり、彼女が、たまたま風呂にやってきて、彼女が自分たちが風呂に入っているのを見ることに両親は無頓着であるからである」

ベティが不寛容であることの対象は裸であることではなく、女性である。

「長い間、彼女は悪い動物と悪い人についての物語を話してほしいといった。よい物語は彼女は興味を持たない」

悪い動物についての物語は、それで母親を夜困らせるのに役に立つ題材であることは大いにありそうである。大抵の利己的な哲学者たちはこのような理論を主張してきた。共同体感覚のある人は通常寛大で優しく、人を悪くさせる諸要素を理解しようと試みる。その上、善人の物語は読んでもあまりおもしろくない。朝に起きる時に微笑み、家族に優しい言葉をかけ、笑いながら仕事に行き、帰宅する時には子どもたちにはプレゼント、妻には花を持ち帰り、いつも優しく、思いやりがあり、親切である善人の話には誰も興味を持たないだろう。しかし、もしも残酷で無思慮である悪い人の物語を語れば、それを読ませることができる。

「最近、非常にドラマチックな仕方で、少女は次のようにして学校の仲間を脅した。『もしもこれこれをしなければ、今夜インフルエンザをあなたに感染するよう送ろう、開いた窓から送ろう、そうすればあなたは死ぬわよ』。とうとう彼女はその話を自分でも信じ、窓を閉めておくといってきかなかった」

「あなたは死ぬわよ」というフレーズに、彼女が魔法を求めていることがわかるだろう。神のような役割を演じ始めているのである。彼女は生と死の主人になり、自分に従わない人がいれば、そのような人を死なせたいのである。ここに、このような子どもの人生の悲劇がある。共同体感覚の欠如と支配的な態度は自分自身への復讐になるだろう。このような剣を用いる人は、その剣によって滅びるだろう。これが人生の残酷な論理である。

この子どもは今夜は病気であると聞いている。だから、母親としか話をすることができない。母親をわれわれの見方に納得させられるかは確信できないが、状況を母親に説明することがわれわれの課題である。そして、母親はそれをベティに説明しなければならないだろう。母親は多くの点で非常に正しくふるまい、子どもの行動の一貫性を理解してきている。彼女は食べることは祖母が考えているほどには生死には関わらないということをベティに説明しなければならないだろう。しかし、祖母が傷つくことがないように説明しなければならない。子どもには、例えば、祖母の意図はよいが、これらの事柄には十分精通していないということを話すことができる。子どもはもっと多くの友人を持つべきであり、自分を彼〔女〕らの間で有用なリーダーシップを持つ訓練をするよう勇気づけられるべきである。

2. カウンセリング

母親が入ってくる。

アドラー：娘さんのケースを注意深く考察しました。彼女は非常に知的で有望であることがわかります。彼女の行動についてのあなたの理解は多くの点で見事であると思います。私には彼女はあなたが家族のことで忙しかった時に見捨てられたと感じ、そのことであなたを許さなかったのだと見えます。彼女は彼女の人生の目的が今やこのように見捨てられたことであなたを罰することであることをわかっていませんが、そのことについてあなたと話をすれば、あなたが彼女の友人であることを確信させることができます。

母親：そのことを私は何度も何度もしてきました。でも関心を示さないのです。そのことには耳を貸そうとはせず、非常に憤慨し非難するので、彼女の精神能力を働かせようとはしないのです。私の立場について非常に苛立ち、「私の保育園で働かないの？」といいます。私は娘にそこには私が働く場がなく、その上、そこでは十分なお金を稼ぐことができないといいます。

アドラー：あなたに彼女にこういうことを提案しましょう。十分お金を稼げないので、お腹が空くということが気に入るかどうか二週間試してみる、と。私は彼女がそのことに同意しないのではないかと思う。なぜなら、食べることはあなたの家族では非常に誇張されているからです。

母親：その通りです。

母親はインフルエンザと、子どもが他の人を見ていることについて話す。

アドラー：彼女がインフルエンザを怖れていることは、彼女が遊び仲間をインフルエンザにかからせる力を本当は持っているということをあなたに示すためです。そのことを彼女にこのように説明できるかもしれない。また、赤ちゃんの頃から彼女は注目の中心でいたかったとも説明しなさい。

母親：私はあの子をものごとを合理的に見るようにしてきました。ある程度はうまくいったのですが、うまくいかなくなりました。

アドラー：あなたはおそらく正しい標語を見つけなかったのです。彼女と散歩をし、友達がいうように、あなたのもとを去ることを余儀なくされたことはあなたを非常に傷つけたといいなさい。できるだけ彼女と一緒にいたいということを彼女に印象づけなさい。それから、彼女の理性に訴え、家族の世話をしなければならないのであれば、彼女も仕事をしないかとたずねなさい。それから、彼女が一人っ子であることを思い出させ、食べることで面倒を起こすことで家族を支配しようとしているといいなさい。この通りだとすっかり確信していないが、そのことについて一緒に話し合いたいと彼女にいってもいいかもしれません。

母親：最近、結核や他の原因で家族が相次いで亡くなりました。それから、彼女は食べなくなりました。彼女は自分がしていることをよくわかっています。こういうのです。「今晩食べなくても、きっと死ぬことはないわ」

アドラー：彼女はあなたをいらだたせ、あなたにかまってほしいだけです。彼女が本当に意味しているのは、「私は食べない。私が死ぬことが怖い？」。こういえば、あなたが心配し、食べるように強いるだろうと思っているのです。

母親：食べることについては彼女の他の反応ほど私は心配していません。仲間にまったく関心がないのです。

アドラー：これは保育園でもっともよく解決できると思います。彼女の先生が本当の友人として彼女に話し、他の子どもたちのリーダーになる方法、支配して攻撃することによってではなく、助けることによってリーダーになる方法を示すでしょう。この点についてあなたも彼女と話し合うことはできますが、批判してはいけません。私のいっている意味はおわかりだと思います。彼女の人生目標はあなたをいらだたせることです。これは一人っ子にはよくあることで、とりわけ、かつて過度に甘やかされが、その後、見捨てられた時にはよくあることなのです。彼女にもっと人と交わり、他の人に関心を持つようにさせなければなりません。このことをあちこちでどうすることができるかについて友好的なヒントを与えることでもっともよくできます。子どもは非常に思索的であり、そのことを理解するでしょう。彼女はこれからも一人っ子であることを確信していないのですか？

母親：確信しています。

アドラー：あなたは彼女が何と賢いのかおわかりです。彼女は下に弟か妹が生まれることを望むことができるということ、でも、その彼女の願いが認められないことを知っています。彼女が少年でいる方がいいと思っているということに気づいていましたか？

母親：はい、少年にはもっと自由があると信じています。

アドラー：彼女は自分が劣っていると感じています。それで闘い、悪態をつくのです。それにもかかわらず、私は彼女がすてきな少女であることを確信しています。彼女が悪態をつくとすれば、罵ることは賢い人がすることではなく、本当に優れた大人はそんなことは決してしないと彼女にいいなさい。もっと彼女に率直であり、あなたを信じるようにさせ、家の中のちょっとしたことについて彼女の意見を求め、彼女を大人として扱い、責任を引き受け、優しくあることで重んじられるということを感じさせなさい。また彼女に彼女はいつも家族を支配しようとしてきたということを説明し、あなたもご主人もあなたを支配しようとはしていないこと、家族はパートナーシップであり、一人は皆のために、皆は一人のためにあるということを指摘しなければなりません。

母親：それは非常にいい提案だと思います。

第八章　リーダーに従う

1. 症例報告

今晩考察しなければならないのは、マイケルのケースである。彼は十二歳と八ヶ月、何度も強盗をして捕まってきた。彼は十四歳の少年に率いられた表面的に組織されたグループの一員である。この少年は若者たちに盗み方を教えている。

われわれの最初の印象は、マイケルは自分の環境にひどく不満足であるに違いないというものである。ギャングのリーダーが彼に影響を与えて盗ませるのならば、彼は学校や家でよりも重要性を持てるのは明白である。記録には次のように書いてある。

「彼は、リーダーの〈ボールディ〉が施設に送られるまで、しばらくの間盗みをしていた。これは二年ほど前のことである。今やボールディは戻ってきて近所にいる。少年たちはいくつかの強盗事件で捕まった」

重要な要素は、少年が自分だけでは盗まないということである。彼はギャングに利用され、搾取されている。おそらく、リーダーはマイケルのエゴイズムをくすぐっているか、あるいは、おそらくマイケルは認められたリーダーに盲目的に従順な精神発達遅滞の子どもであるか、あるいは、ほとんど精神発達遅滞の子どもたちの一人である。犯罪のケースを調べたことがある人は誰でも、このタイプのメンバーはあらゆるギャングに見ることができることを知っている。彼〔女〕らは実際の盗みをする手先である。おそらく、この子どもは精神発達遅滞ではないが、かなり他の人に依存しているのは確かである。彼は下っ端になりたいのであり、盲目的に彼のリーダーに従うことに歪んだ優越感を獲得している。

「マイケルは少年裁判所に連れて行かれ、今は保護観察中である」

ここでは保護観察がよいことかそうでないかを議論するのはわれわれの課題ではない。しかし、たった十二歳の子どもにとって裁判所の保護観察中であることは、彼の堕落と屈辱の感覚をさらに強める重要な困難である。

「父親と母親はウクライナに生まれ、母親は英語をほとんど話さない。父親は英語をかなりよく話す。二人はニューヨークで三年ほど暮らした。父親は八時から五時まで工場で働き、母親は五時から九時まで掃除婦として働く。両親はどちらも帰化した市民であり、子どもたちは皆アメリカで生まれた」

母親が容易に英語を話せないことは余分の困難である。このような些細なことが、容易に子どもの社会的発達を妨げる。その上、子どもたちが家にいる時に、親は事実上決して一緒にいない。

「子どもは三人である。十四歳と六ヶ月のレオン、十二歳と八ヶ月のマイケル、そして、六歳のメリーである。彼〔女〕らは古い共同住宅タイプの四部屋あるフラットに住んでいる。エレベーターも、風呂も、暖房もない。そして、トイレは階段の吹き抜けにある。寝室は二つある。マイケルとレオンは一緒に寝る。家族はカトリックである」

おそらくマイケルの兄はリーダーの特徴を発達させたのであり、マイケルは彼の仲間とパートナーとして対等であると感じるために兄に屈服したのである。自分がリードされることを許すことによって、彼はリーダーに注目を得て評価されている。兄は二歳年上である。妹は六歳年下である。そこで、兄はおそらく妹よりも彼のライフスタイルに影響を与えた。家の描写から彼らが非常に貧しく、家族状況は悪いかもしれないことがわかる。

「マイケルは正常に産まれ、成長した。一歳で歩き、その後すぐに話し始めた。家族を含め、誰に対しても優しく友好的であるように思える。学校では人気者であり、他の子どもたちとうまくやっている」

病歴記録はこの子どもの心理についてのわれわれの仮定を確かめる。彼は友好的で、服従的であり、それゆえ、どんな犯罪においてもリーダーになりそうにはない。

「マイケルは、好きではなかった教師がいたというが、今の先生は好きである」

優しくされたいのは明らかである。そして、彼の行動は権威との協定、即ち「私によくしなさい。そうすれば、私はあなたによくしよう」という形を取っている。しかし、彼はあまりに謙虚なので、犯罪に導き入れられることがありうる。彼をよいことをするように導くのも同じほど容易であろうが、十分ではないだろう。彼を諭し説教するだけでは十分ではない。自分自身の責任という感覚を与えられなければならない。

「大抵の時間、彼は通りで遊ぶ。鬼ごっこをし、ボールゲームをし、さいころ賭博をする。通常、他の子どもたちに好かれ、容易に大きな少年にリードされる」

われわれの仮定は病歴記録によって確かめられている。マイケルは認められるためには何でもするのである。

「マイケルは、時々映画へ連れて行き時々家に行く女の子がいるという。彼と兄は靴を交代で履く。彼らは靴磨きの道具一式を持ち、放課後と土曜日に出かける」

「彼と兄」。またもや、彼がリーダーを必要とするという事実が確かめられる。少女たちと出かけることは、年長の少年たちを真似る見せかけである。

「マイケルの母親はいう。『マイケルはいい子です。家ではいつも幸せです。妹と遊ぶのが好きで、時にはからかいます。ボールディと出かけるのかは知りません。ボールディは悪い子です。あの子に会うまでは、マイケルは問題を起こしたことはありません。彼は二回学校を休みました。一度はコニーアイランドに行った時、一度は彼に一緒に病院にいってほしかった時です。マイケルは今は悪い子どもたちと出かけます。もっといい男の子たちと付き合うように、引っ越そうかと思っています』。

母親は、五時に仕事に行く時、父親がマイケルの世話をし、彼には外へ行かせないといっている。母親は彼に毎日午後に学童保育所に行ってほしい。通りに出かけないようにするためである。マイケルはしばしば一ドルか二ドル儲け、それを家に持ち帰り母親に渡す。母親は彼に五セント硬貨か十セント硬貨を与える」

少年が稼ぎを家族に渡すことはいいことだが、おそらくこのケースでは、それは自己卑下のさらなる兆候である。母親が近郊に引っ越すのは正しい。このような子どもが絶え間なく誘惑されているのであれば、彼を悪い状況へと曝すよりは転校させることはよいことである。マイケルは父親にリードされるが、父親はいつも家にいるわけではないので、年長の少年たちの影響下にある。唯一の本当の治療は、彼を自立させることである。

「父親はいう。『マイケルは悪くない。私の財布から取ることはできるが、家のお金に手を出したりしない』。レオンはマイケルに対して兄の態度を取る。彼はマイケルのために、マイケルと共に闘う。兄は熱心に弟を守るためにどんなふうに他の少年たちを殴ったかを話すが、マイケルよりもずっと優れていると感じている。学校では進んでおり、ずっとよい成績を取る。盗んだり、ダイス賭博はしない」

記録は繰り返しわれわれの最初の推測を確かめる。兄はマイケルと喧嘩をし、彼自身の生来の劣等感を克服するために抑圧する。他方、マイケルは兄を英雄として崇拝している。

「マイケルはいう。『お父さんとお母さんはレオンが一番好きだ』。レオンは熱心にこのことを確認し、妹も自分のことが一番好きだと付け加える。マイケルは母親と妹が非常に好きで、家族が認めなくても怒らない。もっとも私は彼がそう感じているのを知っている」

マイケルが怒らないのは、おそらく自分の従属的な立場に寛容であればそのことからある利点を引き出せるからである。子どもの知能が本当に低いのかを知ることは重要である。この情報を得るために学校の報告に向かわなければならない。

「マイケルはニューヨークの工場町に生まれた。母親も父親も一日中工場で働いた。子どもたちは朝八時に保育園に連れて行かれ、夕方四時か五時に迎えにこられた。これが三年間続いた。それから、子どもたちはカトリックの学校へと送られた。マイケルが八歳の時、家族はミシガンに引っ越した。しかし、同じ年にニューヨークに戻ってきた。この変化のためにミハエルは一学年遅れた。彼は八歳を過ぎていたが、一年生に入れられた。今、４Aにいる。もっともいい成績を取ったのは算数で、読書と正書法はもっとも成績が悪い」

おそらく、彼は一年間を失い、そのため年下の少年と同じクラスになったことで辱められたのである。彼は左利きかもしれない。ニックネームがレフティだからである。

「他の教師はいう。『私はマイケルや彼のような子どもたちが好きである。彼は喧嘩をしない。知能テストは彼が知能指数七十であることを示している。運動機能テストは、手を使う能力が優れており、彼のスコアは彼の年齢にしては平均を超えていることを示している。感情テストは、彼が強盗と少年裁判所に訴えられることに非常に関心があることを示した。ギャングの中の年長の男たちが怖いように見える』」

知能指数が低いのでこの子どもが精神発達遅滞ではないかと思いたくなる人は多いだろうが、彼のライフスタイルは勇気をくじかれ怖れを持っている人のライフスタイルであることを思い出さなければならない。私はもっと良好な状況へと移すことに大いに賛成である。

「去年の夏、マイケルは二ヶ月間フリーキャンプに行った。彼の記録は水泳が優、体育と音楽が良だった。彼の態度は協力的で進んで手伝おうとした。カウンセラーの発言。『マイケルはそのシーズンでもっとも輝いた子どもの一人だった。彼は私がこれまで見たもっとも快活な微笑みを持ち、いつも目立っていた。彼は典型的な楽天タイプである。彼の日課の仕事と遊びは、いつも陽気な心で行われた』」

マイケルは、誰かが好意で彼に自殺するように頼んだら進んでそうする用意があるだろう。多くの問題のある少年たちに悩まされたカウンセラーは、もちろん体育が得意でいつも快活な子どもを評価するだろう。彼が絶え間なく笑うのは、彼の行動のすべての責任を他の人に委ねるからである。この子どもは良好な環境では問題には決してならないだろう。

「一九二九年、三月三十日に先立つ数ヶ月間、少年はいくつかのちょっとした窃盗をした。それがついには六十ドル相当の札入れをいくつも盗むという大きな強盗をするまでになった。札入れは授業が行われているオープンルームへと持って行かれた。窃盗はボールディがリーダーで、別の少年がブレイン、そしてマイケルが道具であるギャングに斡旋された」

マイケルがこの種の活動においては決して先導者やリーダーにはならないということは非常に明白である。

「マイケルが告発するところでは、ホールの前へやってきて、ビルを管理しているエレベーターマンに彼を追いかけさせた。エレベーターマンは捕まえたら首を絞めると脅したという。追いかけられている間、他の少年たちはビルの中へとよじ登って入り、札入れと時計を盗み、お金を山分けした」

エレベーターマンに追いかけられることは決して英雄的な行為ではない。

「ブルックリンの強盗では、マイケルは何も取ってないといった。彼は彼の仕事は『警官を見張ること』であるといった。警官がやってくるのを見たら、『逃げろ』と叫び、他の子どもたちは走って逃げた。ついでながら、あまり速く走れなかった。皆捕まり、裁判所へ連れて行かれたからである」

またもや彼は劣った役割を果たしている。

「このギャングはまたミハエルの家の前で、土曜日ごとにクラップス（サイコロ賭博）をした。マイケルはボールディが怖かった。『ボールディは喧嘩をする時噛む』」

この例での彼の服従は、おそらく恐怖にだけもとづいている。

「彼の早期回想は『僕たちはリトルフォールズに住んでいた時、スイカを盗んでいた』というものである」

彼が『僕はスイカを盗んでいた』といっていないことは興味深い。マイケルは決して一人ではない。盗むことが悪いということを彼が理解しているかは疑わしい。彼は多かれ少なかれギャング精神によって催眠をかけられている。ギャングの中では彼は自分のアイデンティティと責任を失うからである。

「『小さかった時、床に兎の穴があったのを覚えている。僕はその中にマッチを入れていたが、マッチがベッドに落ちて火がついた。兄は走って階下に降りていって父を呼んだ』」

この回想は、どんなものであれ自立した活動を試みる時には必ず失敗とカタストロフィが起こるというマイケルの確信を示している。彼はまたいつも彼を助けてくれる人がいるであろうことを等しく確信している。彼は自分の本来の劣等感を一度も克服したことがなく、何であれ自分自身の責任であえて試みることを絶望的に怖れている子どもである。彼の人生は兄や教師やボールディ、そして彼のギャング仲間によって完全に支配されてきた場面の連続である。

「『僕は宮殿、城の中にいる夢を見た。そこには本当にすてきな部屋があった』」

これはマイケルが人生においてもっと重要な地位がほしいと思っていることの証拠だろう。

「別の夢。『ある晩寝ていると男が侵入してきて母から物を奪い、兄を撃った。僕は馬に乗って追いかけ、心臓を二回撃ち馬から落とした』」

「『母が死んだ夢を見た。僕は泣いていた。僕は母を殺した男を捕まえたかった。彼を捕まえ殺した。彼は大物のギャングだった』」

この夢では彼は英雄の役を演じている。それはまた家族の誰であれ失うことを怖れていることを示している。夢は感情的にこういっているのだ。『母と兄がいてくれてうれしい。僕は非常に弱いから』。リーダーなしに残されることより大きな災難を彼は想像できない。

「『大きくなったら何になりたい?』という質問に対してマイケルは即答した。『警視総監』」

マイケルが警視総監になりたいのは、彼の理想は命令を与える人、もっとも強い人を象徴しているからである。それは彼自身の弱さの補償である。

このケースについての教師の解釈は次の通りである。

「マイケルは実際には好機を持つことはなかった。なぜなら、母親は大抵の時間働かなければならなかったからである。兄のレオンは学校でも家でもずっと優秀である。妹は彼が六歳の時に彼の場所を奪った。そして、今や妹のことを大変愛しているが、彼よりもレオンのことが好きである。マイケルの学業も彼が勇気をくじかれたことのもう一つの原因である。疑いもなく彼を喜んで受け入れたギャングに入る機会があった時、彼はそうした。助言される治療は、彼が去年の夏いたキャンプに戻ることを勧めることである。そうすれば、二ヶ月間良好な環境にいられることになり、水泳のような彼が秀でることをする機会が与えられるだろう。マイケルとレオンが別々のカウンセラーにつくことをわれわれは勧めた。マイケルが自力で力と勇気を獲得するためである。われわれは家族にマイケルを恥ずべき人としてではなく、有用な人としてマイケルを見てもらうように試みている」

これは始まりとしては有用な提案であるが、最初だけである。マイケルはなぜ自分が劣った役割を演じることを主張するのかを理解しなければならない。彼は自分自身のリーダーになることができると信じるように勇気づけられるべきである。マイケルに話す時には、強盗のことは話さないのがいいだろう。われわれは彼の低い自己評価だけに関わる必要がある。彼が本当に左利きであるか、読書と正書法に特別の訓練が必要であるか見出すべきである。

2．カウンセリング

父親が入ってくる。

アドラー：あなたの息子さんのマイケルのことでお話したいと思います。われわれが見るところ、彼は非常に有望な少年です。彼の最大の誤りはリードされることをあまりに好むということです。彼の個性の全体はこの誤りの上に築かれており、このため彼はあまり勇敢ではなく、他の誰かに自分の行動の責任を取ってほしいと思います。彼には勇気がなく、暗闇を怖れ、一人にさせられることを好まないことに気づいておられましたか？

父親：はい、一人にさせられることを好まないことは知っています。

アドラー：彼を援助するために多くのことができます。罰してはいけません。彼には元来責任はありません。彼は勇気づけられ、お兄さんやギャングの援助がなくても何でも自分でできるのに十分強いということを確信させられなければなりません。彼はよい少年だと思います。どこで誤ったかを彼に示すことだけが必要です。彼を非難したり罰してはいけません。むしろ、より強くなるよう勇気づけなければなりません。そうすれば、もっと責任を取れるようになるでしょう。

少年が入ってくる。

アドラー：おや、君は大きな強い少年ではないか！　私は君は小さく弱いと思っていたが、そうではない。なぜ君は他の少年たちは君よりもたくさんのことを知って理解しており、彼らのいうことを聞き、彼らが君にするように頼むことをしなければならないと考えているのですか？　君はもしも誰かが命じたら、この壁をよじ登るのだろうか？

少年：そうするよ。

アドラー：君は知的な少年だからリーダーはいらない。自立し、勇敢であり、君自身がリーダーであるのに十分大きい。君はいつも他の年長の少年たちの奴隷になり、彼らが命じることをしなければならないと思うのですか？　彼らが君にするようにいうすべてのことをするのをやめるにはどれくらいかかるだろうか？　四日でできるようになると思いますか？

マイケル：たぶん。

アドラー：八日なら？

マイケル：うん、八日後にはできる。

マイケルが出ていく。

アドラー：規則というようなものはないが、このケースにおけるわれわれの課題は明らかにマイケルのライフスタイルをより勇気あるものに変えることによって、マイケルを人生の有用な面に持っていくということである。彼の野心は彼が達成するにはあまりに困難なものだったので、簡単に手に入れることができるものに満足するのである。

生徒：彼が絶え間なく笑っているということは、自分の世話をしてもらうために他の人の心をつかもうとしているのですか？

アドラー：そう、それが一つの理由であることは大いにありそうだ。

生徒：どうすれば、勇敢であることが価値があることであると彼に感じさせることができますか？

アドラー：勇気をスプーン一杯の薬のように与えることはできない。われわれがしなければならないことは、もしも自分を過小評価しなければもっと幸福になるということを彼に示すことである。彼にギャングの命令に抵抗させることができればすぐに彼は勇気の利点を発見するだろう。私はいつもリードされることは誤りであることを彼に示そうとした。もしもわれわれが彼の自尊心を増せば、勇気はおのずとやってくるだろう。自分が劣っていると感じている限り、彼は責任を受け入れないだろう。責任を取るということと勇気があることの訓練は同じ全体の部分である。

生徒：この少年には他の少年よりも少し厳しくはなかったですか？

アドラー：そうだとすれば、意図的ではなかったと白状しなければならない。しかし、私は可能な限り賢明に彼と話したことを希望する。子どもに話しかける技術は学ばなければならないが、他の人も私も誤りをするということは大いにありうる。一人の子どもに同じ仕方でアプローチする人は二人といない。個人的には私はドラマの手法が好きだ。そうすれば、子どもが自分を会話の中の重要な役者と同一視することを助けることになるからだ。私は子どもと友達になろうとした。私は彼が私を好きで、ここにまた来たいと思っても驚かないだろう。おそらく先生はわれわれに彼のさらなる進歩についてレポートを送ってくるだろう。

第九章　あまりに従順な子ども

1. 症例報告

今晩は八歳と六ヶ月のソールのケースを扱う。今の問題は学校でうまくやっていないということであり、これは長く続いている。

学校でうまくやっていけない八歳と六ヶ月の子どもについては、いつも考察する二つの可能性がある。子どもが精神発達遅滞か、家でもっと好ましい状況に慣れてきたので、学校の状況に適応できないかのどちらかである。

症例ノートには次のように書いてある。

「この二、三週間は改善している。個人心理学の講義に出席している学校の担当者が問題についてよりよい洞察を得てきたように思えるという事実による」

ここでは二つの可能性のうち第二であることが明らかである。講義が実際に役立ったということを知って私は非常に嬉しい。

「ソールは学校における自分の立場についてはまったく関心がないように思える。勉強の仕方がわからないといっている。二人きりで子どもにかなりのプレッシャーをかけた後、彼はたしかにいくらか知識を持っているということがわかった。しかし、自分の記憶からどんな事実も呼び起こす努力をまったくしなかったので、彼の理解がどこまで及ぶかを決めることは困難だった」

もしも希望を断念し、進歩することは不可能であると信じていれば、彼の態度は記憶の欠如と事実についての無知によってもっとも表現される。

「算数をしようとはしなかったが、手順やその組み合わせについてはいくらか知識はあった。彼は機嫌がよい時以外は、答案に落書きをするか、白紙のままにした。彼の行いは非常に悪く、はっきりと学校の勉強の妨げになった。席を立ち、歩き回り、他の子どもたちを自分を侮辱したということで（実際のことも空想のこともあった）攻撃し、声を出して話し、とりわけおかしいことをし、身振りや歩き方、冗談をいうことで他の子どもたちを笑わせた。彼は役者の素質を持っており、同じことを適切な時にすればおもしろがらせただろう。しかし、学校にはこのような行動をする子どもの居場所はない。そして、彼は長く苦しむ教師が『不可能な子ども』と呼んだ子どもである。これは彼のクラスとの関係を非常によく叙述している」

ソールは注目の中心にいるために道化の役割を演じている。彼は自由に使える安直な手段を用いている。有用な方法ではクラスの注目を得る自信がないからである。

「彼はすぐ泣く……」

このことから私は、彼は自分が非常に価値ある人間なので、彼が苦しむのであれば他の人も苦しまなければならないと信じるようになるまでに甘やかされたと考える。

「……そして、非難された時はかなり赤ちゃんのように思える。この態度がおもしろがらせようとする試みと交互に繰り返される」

甘やかされた子どもは非常にしばしば赤ちゃんの役を演じる。彼は注目を得るために二つの手段を持っている。コメディアンになるか赤ちゃんになるかのどちらかである。

「自分より年上の学校の子どもたちと喧嘩をし闘った。いつも休暇の時か、学校の行き帰りに面倒に巻き込まれた」

この種の行動は彼が社会適応ができていないことを示している。

「時には、空想的な物語を語る。彼は前のクラスから昇級した。成績がよくなったからかもしれないが、新しい教師に、彼が昇級したのは父親と前の先生の父親が友人だったからであると話した（彼らは友人だったが、その教師は彼の昇級を決めた教師ではなかった）」

彼が教師が嘘をついたと責めているという事実は、彼にはまったく協力するつもりがないことを示している。

「ある日、宿題をしない口実として家が全焼したと教師に話した（おばの家が火災にあった）」

自分を困難な状況から救うために嘘をつき始めている。

「彼の物語は明らかに彼が自分自身の人生に故意に加えた事実によって組み立てられたが、それらが語られた時には誰も本当の出来事に由来するものであることを知らなかった。ソールは本当のことを話していないことを知っており、圧力をかけられてそれを認めた。彼の過去の問題も似たものだった。勉強の結果が必要ではなかった保育園にいた時は問題はなかったが、六歳の時に小学校に入ると、問題が始まり、学年が進むごとに大きくなった」

このような子どもに要求することが少なければ少ないほど面倒は起きないだろう。保育園という比較的安楽な状況においては彼は面倒を起こさなかったが、成熟することを前提とする課題に直面すると、抗議を始めた。彼は自立して努力することを学ばなかった。このケースについてのこれまでのところのわれわれの知識を吟味すれば、われわれの結論は、彼は大きくなるという問題にますます抵抗した甘やかされた子どもであるに違いないというものである。彼はこれらの問題に近づけば近づくほど問題を回避し、人生の有用ではない面に逃れようとして、いよいよ強行に抵抗した。

以前は、彼の人生は非常に静かに進行していた。そして、彼は小学校に入る前はまったく問題を起こさなかった。必要な事実をすべて与えられ、記録から何も省略されていなければ、彼を甘やかしたのは母親であり、今も甘やかしていると合理的に確信できる。

「両親は健在である。子どもは二人、八歳半のソールと五歳のセラである」

ここでもまたわれわれは兄と妹という問題を持つ。この二人の子どもたちの間にはかなり激しい競争があるに違いない。そして、完全に吟味すれば、問題は彼が三歳か四歳の時、妹との競争関係に直面することを強いられた時に始まったということを見出すであろうことを想像する。おそらくこの時期に勇気と自信を失い始め、行動によって母親が彼を過度に甘やかすことを続けることを要求したのである。おそらく、彼の妹は強く健康な子どもで、彼女の進歩が彼の領域を脅かしているのである。

「両親の間の関係はすばらしい。母親は方法は穏やかだが、支配する。父親は引越会社で働き、毎週いくぶん変化するわずかな給料を得ている。母親は経済的で見事な主婦である。洗濯をすべて一人でするが、近所の人にはクリーニング店に出しているといっている。なぜなら、近所の人は洗濯物をクリーニング店に出しており、彼女は体面を保っているからである。父親は毎週給料を家に持ち帰る。そして、母親の模範的な家事と手入れの行き届いた家を誇りにしている」

これらの事実は、母親が誇り高く野心があり、彼女の夫も彼女に依存しているということを示している。

「母親は二人の子どもたちをきちんとしていること、従順、健康な習慣などに関して非の打ち所のないようにしている。彼女は子どもたちがどこで誰と遊ぶかを監督する。彼女は優れた主婦であり、母親である。父親はより衝動的で、妻を大いに信頼しており、子どもたちに優しい。彼はソールを母親のようには上手に扱えない。このため、母親はソールは父親の方が好きであると考えている。ソールは助けとなり、家事の手伝いをするのが好きであり、母親のためにお使いに行き、妹と共有する部屋の整理整頓をする」

われわれの患者は妹にはまったく抵抗しない。あまりに一緒にいるからである。もしも彼が父親ともっと多くの時間一緒に過ごせば、妹に対して批判的になると思う。

「子どもは各自別々のベッドを持っている。母親が病気だった時、援助を得るために進んで薬局まで走って行くなどしてソールは母親を大いに気遣った」

これらのこともまた子どもが母親に依存しているということの兆候である。おそらく、彼女の目に自分が英雄として映ることを欲しているのだろう。

「母親が彼を罰する時、彼は少し泣くがすぐに泣きやむ。怒らず、こういう。『わかった、お母さんがボスだ。お母さんがいうことは正しい』。母親は彼を過度にほめたりはしないが、この二、三週間、学校の成績がよくなったことをほめられた」

罰に対する少年の態度は弱い人間のつつましやかな批判であるが、学校で進歩すれば、もっと勇気を持てるようになると思う。

「妹は非常に魅力的である。甘やかされてはいないが、家族全体が彼女をかわいがる。ソールは妹が大変好きである」

これは、われわれの解釈を覆すように思える。しかし、ソールはおそらくは敵に征服されたと認識しており、闘いに勝つという希望を失ったので、彼の征服者と友好関係を取り結んでいるのである。王座から転落した子どもたちが、自分をそこから追放した人が好きであると表明することはめずらしいことではない。

「彼はジプシーが通りで妹を誘拐するのではないかと怖れている」

この態度によって、彼は自分が支配されているという感覚をうまく利用しているのである。

「母親は彼に六セントを与えるが、ミルクを買うために五セントを使い、しばしば一ペニーを妹に与える。母親は、ソールは父親に似ているという。寛大ということである。妹はこれを当然のことと思う。通りの少年たちが彼をからかいたい時は、妹は彼らにそうしないようにいう。彼は通りでよくからかわれる」

ソールは保護者の役割を演じる。これは兄を妹に和解させるよい方法である。なぜなら、それは自分が成長したと感じる機会を与えるからである。他方、妹も兄を保護したいと思う。

「彼は主として自分と似通った少年たちと遊ぶ。彼らは彼のことを『ファット』と呼ぶ。非常に太っているからである。彼らはまた彼を『ドウプ』（まぬけ）と呼ぶ。学校で困るからである。彼のおじたちも彼をばかだという。母親はそうしないように頼んだ」

太っていることのもっともよくある理由は過食である。しかし、他方、肥満を引き起こす腺の病気があるかもしれない。母親がおじたちに彼を辱めないように注意するのは正しい。

「彼は闘う。そして、喧嘩に負けるけれども、闘い続ける」

絶望した子どもたちが負けることを確信しているのに喧嘩をすることはめずらしくはない。

「彼は動物たちには極度に優しく、花が好きである」

このタイプの少年は普通静かな生活を好む。そして、おそらく、ソールはからかわれたり、非難されなければ、動物や植物の世話に興味を持つだろう。

「彼は映画に行き、映画のことばかり考えている」

ここで映画について一言いわなければならない。私は映画が子どもたちの正しくない成長に全面的に責任があるということに大いに疑いを持っているが、もしも家で誤りがなされたら、映画はそれを強化するかもしれず、子どもは誤ったライフスタイルにとって都合のよいデータを得ていると確信している。われわれは映画を禁じることで、子どものライフスタイルを変えることをほとんど期待できない。なぜなら、〔映画を禁じてみても〕自分自身を訓練する別の方法を見つけるだろうからである。ヨーロッパには、子どもたちが映画を見てもよいかを決める厳格な検閲があるが、たしかにこれは十分ではない。というのは、大人たちが、しばしば子どもたちの親たちが、誤ったライフスタイルを得る訓練をしないようにすることはできないからである。映画はずるさと陰険さに人を慣れさせる。大抵の映画は、その魅力をトリックに負っている。そして、子どもたちも大人たちもこれを学びたいと思う。つまり、権力を得る近道と考えるのである。多くの人は、ずるさとごまかしは役立つと信じているが、このような心理学の見方にわれわれはほとんど同意できない。われわれにとっては、このような方法を使うことは、人が勇気がないということの兆候でしかない。そして、われわれはこのような見方ができるようになるよう人を教育するべきである。ずるさ、陰険さ、狡猾さは臆病な人の道具として認識されるべきである。われわれはそれらを見て笑うことができ、それらの有効性に驚くかもしれないが、われわれのより深い意識においては、それらは普通の目標に向かう自分自身の力を信じない人によってだけ使われるということを知るべきである。

「子どもは生まれた時は健康だったが、出産には鉗子を使う必要があった。九ヶ月間母乳で育てられ、それから人工乳で育てられた。一歳になった時に話し、十五ヶ月で歩いた。十八ヶ月から二歳の間に、四回ひきつけを起こした。歯が生えてからは、それ以上ひきつけは起こらなかった」

この子どもが副甲状腺に何か問題があったのはかなり確実である。ひきつけは歯が生えることとはまったく関係がない。

「二歳の時に水疱瘡に、四歳の時に天然痘になった。今はよく食べるが、がつがつはしていない」

もしも子どもががつがつしていれば、ある程度の頑固さを示すだろう。この少年は抵抗するタイプではなく、屈服する傾向がずっと強い。

「非常に清潔な習慣を持っており、おねしょをしたことは一度もない」

この子どもがおねしょをし、食べる時に問題があったのではないかと当然期待したかもしれないが、彼の母親は明らかにかなりの理解力を持って彼を扱ったのである。母親と話す時、彼女が知的な女性であるという印象を持つであろうことを私は確信している。

「彼はこぎれいに見えることを好み、毎日学校に着ていくのに、きれいなシャツを要求する。彼は母親が身体を洗い着替えさせるのが好きだが、寝る時は一人である。少年の時は目を覚まし、長く揺らす必要があったが、今はよく眠る」

彼は清潔であるという点で母親を真似るが、そうすれば母親に注目を得られるからである。睡眠時の困難を扱う母親のテクニックは、時間が経つにつれ上達したように思われる。

「彼は小さな写真と葉書を収集している」

いい換えれば、物を集めることで彼の減っていく威信を増さなければならないと感じているのである。この少年は彼の状況が改善しなければ、盗みをしそうである。

「眼鏡が必要かもしれない。今週、視覚障害があるかどうかを確かめるために検査を受けることになっている」

ソールに眼鏡をかけるように説得するのはいくらか困難かもしれない。

「彼の早期回想は、三歳の時に祖母を訪問し、おねしょをしたことで母親に叱られたというものである。母親は、これはいつものことではなかったという」

これは、彼の重要性が脅かされた初めての機会の一つだったかもしれない。おねしょをすることで母親の注目を得ようとしたが、その代わりに罰せられたのである。

「別の早期回想は四歳の時のものである。引越トラックの中で父親と一緒にいた。父親が見ていなかった時に、彼はたくさんの小さなものをトラックから運び出す手伝いをした。そうすることで大きな満足を得たのは明らかだった」

これは役立とうとする態度であり、おそらくこのエピソードを覚えているのは、父親に認めてほしいということを意味している。

「四歳半の時、妹が生まれたことを覚えている。彼は、その時、母親が彼にキャンディを与えたという」

妹の誕生は真の問題をもたらした。キャンディをもらったからといって、妹の誕生を納得させられたとは思わない。

「彼が覚えている多くの夢がある。（夢その一）『カウボーイと一緒にいる夢を見た。僕は馬に乗っていた。馬が雌山羊になった。僕はカウボーイの銃を持っていた。一度撃った時には銃は発砲したが、二度目はそれはおもちゃの銃で発砲しなかった』」

われわれはこの夢にトリックが強調されているのを見る。馬が雌山羊に変わり、トリックの銃が発砲しなかった。この少年は自分自身を変えるためにトリックを探している。

「(夢その二)『馬に乗っている夢を見た。僕はルドルフ・ヴァレンティノだった。人が死ぬ時、僕はその人の夢を見る』」

彼が映画の英雄を真似ているのは明らかである。

「『ウィリアム・S・ハートの夢を見た。僕を誘拐し、僕と一緒に走って逃げるという夢だった』」

ここに映画の危険の一つがある。誘拐は彼の人生において重要な役割を果たしている。死の夢について。彼が誰かが死んでからその人の夢を見るのであれば、死を避けようとしているのである。しかし、亡くなる前に死ぬ夢を見るというのであれば、予言者であろうとする努力を示しているだろう。

「映画俳優になることが彼の野心である。彼はすべての俳優から強い印象を受けており、彼の英雄はトム・ミックスである」

この野心は、彼が学校生活の間、一つの役割を演じていることを考慮すれば驚くべきではない。道化、コメディアン、トリックに関心のある俳優の役割である。彼は危険を克服し、強くありたいのであり、おそらく映画俳優になるのは彼の目標を達成する方法であると信じているのである。

「次の会話は彼の怖れを示している。ソール：僕はルドルフ・ヴァレンティノが怖い。寝ている時に彼の夢を見るんだ。質問：彼が死んでいるということを知らないの？　ソール：知ってるよ。僕はなぜ彼が死んだか知っている。彼はあまりにすてきだった。女の人は皆彼が好きだった」

この少年が八歳半であることを思い出しなさい。愛と女性を怖れることがいかに早く子どものライフスタイルに決定的な役割を果たしたかは驚くべきである。なぜソールがこのような態度を持っているかを理解することは困難ではない。彼には非常に強い母親がいる。支配的な母親を持った少年はしばしば女性を怖れるという事実について既に話したことがある。後の人生で、この女性の怖れ、あるいは排除が固定した時、人は同性愛者になる。ここでそのように発展する途上にある。それを防ぐために、われわれは母親に息子をあまり支配することがないように強く勧めなければならない。

「ソール：ある日、女性が彼の食べ物の中に毒を入れた。彼の妻が目を覚ました時、彼はもはや生きてなかった。彼女は毎日彼が死ぬまで少しずつ毒を入れた。父が私に写真を見せてくれた。彼の妻がこれをしたのですか？　ソール：別の女性です」

ここでまたもや映画による訓練の影響を見る。

「教師のケースについての議論：『三週間ほど前、私はソールが教室で人をおもしろがらせる役者になろうとする試みは四方が塞がれている勇気をくじかれた子どもの叙述に一致すると判断した。それゆえ、私は彼がしていることにふさわしい以上にほめ、過剰に勇気づけた。彼は反応し始めている。彼の目はぼんやりした表情を失った。そして、いくらか野心を見せている。彼は家によい成績を持って帰り、もっと頑張ると母親に約束している。彼は勇気がある子どものように思える。なぜなら、ある日母親が暗闇で庭に洗濯ばさみを落とし、彼がただちにそれを拾いに怖れることなく下へ降りていったと話してくれたからである』」

彼は母親が見ている時に英雄になりたい。

「『彼が喧嘩をすることは彼の勇気を示しているだろう。彼は臆病ではなく、そうであるふりもしない。彼がそのように見えるのは、彼が自分がしていることを理解していないからである』。彼の目にはある程度の目からくる障害があるかもしれないが、あったとすれば今週治療されるだろう。少年たちが彼を呼ぶ名前に反対することは、彼が名前を好意的なものと見なしたら取り除くことができる。彼は少年たちは互いをニックネームで呼び、例えば、彼のクラスにはファリナというニックネームで呼ばれる黒人の少年がいるといわれている」

ニックネームについて。少年が他の利点を持っているのであれば、ニックネームのことを気にかけないというのは本当である。

私はソールの教師が彼に影響を与える最善の方法を見出したと思う。そして、彼女は成功すると確信している。彼女の成功は、少年の母親が彼を支配するのをやめ、進歩するあらゆるチャンスを持っており、妹が彼に追いつくという怖れは根拠がないということを確信できればもっと確実なものになるだろう。彼は少女は少年よりも早く成長すること、反対に、後には妹よりも早く成長するということをわからないといけない。母親は彼をもっと真剣に受け止めるように説得されなければならない。この少年をあまりに従順にすることは賢明ではない。彼女に彼女の計画を彼と議論させなさい。そして、ただ彼女がしたいからといって、彼からどんなことも要求してはいけない。彼女は彼に自信を持たせるようにし、物事をもっと詳細に説明し、助言も求めるようにするべきである。「自分で身体を洗って一人で着替えをするのがいいのではない？」「そうするのが妹にもいいとは思わない？」というふうに。

2．カウンセリング

母親がケースを出している教師に付き添われて入ってくる。そして、アドラーに紹介される。

アドラー：多くの仕方であなたは賢明に息子さんと接してこられました。子どもたちがしばしば克服できないある種の危険から彼を導かれました。

母親：彼をよい子にしようとしてきました。

アドラー：彼はいい子ですが、学校でのことが難しいと思っています。おそらく、彼の困難の起源は、彼が三年半一人っ子であり、今よりも人生を安楽だと見ていたという事実にあります。彼は臆病ではなく、同じ状況で他の子どもたちがするような誤りをしてきませんでした。それなのに、ある隠された仕方で妹が彼との競争にあまりに成功を収めるのではないかと感じており、ひょっとしたら彼はあなたが彼女の方を好きであるとも信じているのです。このことについて何か彼がいったことはありますか？

母親：いいえ、一度も嫉妬したことはありません。

アドラー：彼女の保護者になりたいという事実にもかかわらず、彼が彼女が自分よりも早く成長することを怖れているように思います。いいですか、彼女も彼を守ろうとしているのです。ソールはもしもあまりに支配されなければ、よりよく成長するだろうというのが私の考えです。あなたに彼が家族の重要な一員であると信じられるように勇気づけてほしいのです。彼に家から離れて彼自身の経験を持てる十分な機会を与えなさい。そして、彼の批判能力を発達できるように時々彼に相談しなさい。

母親：そうしてみます。

アドラー：彼にとって非常に辛いもう一つのことは、彼が過度に太っているということです。おそらく、ダイエットの方法を変えた方がいいでしょう。特に甘いものが好きですか？

母親：いいえ、特に甘いものが好きというわけではありません。学校で朝ミルクを飲みます。それから昼にランチ、夕方にディナーを食べます。

アドラー：パン、バター、お菓子を食べ過ぎますか？

母親は少年が甘いものを食べすぎるということを断固として否定する。

アドラー：本当に太っているのなら、あまりに栄養が吸収されているのです。もっと食べる量を少なくすることを提案します。少年の先生は彼のことを非常によく理解していますから、きっと力になってくれるでしょう。彼にどう接するかについて困った時は、先生に相談したら喜ばれるでしょう。

ソールが微笑みながら自信に満ちて部屋に入ってくる。しかし、生徒がいるのを見て少し困惑する。若い少年に影響された長いパンツスーツを穿いており、そのことが実際よりも彼を年上に見せる。

アドラー：（少年に握手をしながら）こんにちは、ソニー、元気かい？　ここにすわって私に話をしてくれませんか？　君に話したいおもしろいことがある。

ソール：いいよ。

アドラー：何歳ですか？

ソール：九歳。ああ、もうすぐ九歳になる。

アドラー：それはいい。これからは学校で進歩できると思う。君はこれまではよい生徒になれないと思っていたと思う。

ソール：そうかもしれない。

アドラー：でも、君は本当によい生徒になれることを知っている。すぐにこれまでのトラブルはすべて消えてなくなるだろう。もっと注意深くなり、先生の話をもっと理解できるようになるだろう。そうすれば、前に進み、学校で好かれるだろう。

ソール：（強い印象を受けて）うん。

アドラー：体育は好き？

ソール：好きだよ。

アドラー：君の妹さんはかわいい？

同意して頷く。

アドラー：女の子は普通小さい時は男の子よりも早く成長するが、彼女が君よりも賢いと思ってはいけない。君は彼女が君を追い越すと思ったかもしれないが、すぐに前にずっといⅰ続けることができるようになるだろう。君はいつも年上なのだから、彼女を守りなさい。

ソール：はい。

アドラー：私は君が通りの少年たちが君のことを「ファット」と呼ぶので悩んでいると聞いた。私が君と同じ年だった時、少年たちは私のことも「ファット」と呼んでいました。でも、私はそのことを気にはかけなかった。なぜなら、私は学校で一生懸命勉強し、少年たちに彼らが私をニックネームで呼んだ時でも学校でいい成績を取ったといったよ。大きくなったら何になりたい？

ソール：俳優になりたい。

アドラー：それなら読み書きができ、注意深く話せるようにならないといけない。映画俳優でも今は上手に話す方法を知っている。道化をして君のクラスの邪魔をするより一生懸命勉強する方がいいと思う。他の人を笑わすのは大きくなって映画俳優になるまでおあずけにしなさい。今の君の仕事は先生の話を注意して聞き、自分で友達を作ることだ。君のお母さんは君に厳しいですか？

ソール：はい。

アドラー：お母さんが以前ほど厳しくないことに気づくだろう。特に君が学校でいい成績を取れば。いいと思わないか？

ソール：はい。

アドラー：（少年が去ろうとする時）君はいい子だ。

ソール：（ドアに向かって何度もお辞儀をしながら）ありがとう。

3．生徒との議論

生徒：少年の早期回想が祖母のところでおねしょをしたことで罰せられたことがあるというものだったのに、母親は少年が一度もおねしょをしたことがないといったのでしょう？

アドラー：母親はこの出来事は通常のことではないと説明したのだ。おねしょはやんだと思っている。

生徒：この少年が英雄として背が高くスレンダーな映画スターを選んだことの意味は何でしょう？

アドラー：私はこれらの俳優を知らないが、彼らが背が高く痩せていると聞くのは興味深い。子どもたちがどれほど早く彼〔女〕らの目標を見つけるかわかるね。彼は背が高くスレンダーになりたいのだ。太っているのが嫌だから。もしも子どもが弱ければ強くなりたいと思うし、貧しければ金持ちになりたいと思う。病気なら医者になりたいと思う。医者は常に健康だと信じているからだ。

第十章　神経症の基礎

1. 症例報告

今晩ケースを出している生徒は、患者の行動は謎だといっているが、できるだけシンプルなやり方でそれを解決するためにできることをしてみよう。

「レイチェルは十二歳の少女で、今の問題はずる休みである。教室で勉強できないということを理由に学校に行くことを拒んでいる」

この症例の最初の言葉は、劣等コンプレックスを持った子どもをかなり正確に叙述している。しかし、劣等コンプレックスがあると仮定するだけでは十分ではない。成り行きのすべてを見つけ、子どもが彼女の不十分さを補償することを可能にするであろう方法を述べなければならない。レイチェルがずる休みをしているのであれば、彼女のまわりに彼女に学校に行くことを強いている大人がいると確信してよい。子どもは大人に「いや」といっているのであり、このようにして、家で主観的な劣等感を得ているのである。

「レイチェルはいつも問題児である。彼女の今の問題は態度を教室へ拡張することである」

「いつも」は使うには非常に強い言葉である。彼女は人生の最初から問題児であったとは信じがたい。

彼女が反抗することになった何かが起こったというのがよりありそうである。おそらく、この不幸な出来事は弟か妹の誕生だったであろう。

「レイチェルは二月に小学校から専科教員がいる中学校へ進学した。小学校では彼女は観察され、彼女の必要に応じて扱われた。レイチェルは教室の中で泣いた。そして、自分には難しすぎるので勉強ができないといった。彼女の担任教師は、他の教師と同様、彼女のために事がスムーズに運ぶよう試みたが、レイチェルは中学進学前にいた小学校に戻らないといけないと主張した。これは許されなかった。新しい環境において、彼女の問題に対処することが期待されたからである」

泣くことは、もしも勉強ができなければそれでもう十分だろうから必要がないと思われる。クラスをかき乱し、自分が無能であることに注目させるために泣いたというのがありそうなことである。ある程度までは彼女の反応は成功した。あまりに成功したので、十二歳で中学校に在籍するのに十分知力があるこの少女は自分が無能であることに異議が唱えられることを知っているだろうと確信してよい。私は、誰かが彼女の信頼を得ることで彼女が在籍するクラスにおける問題に立ち向かえるように彼女を勇気づけることができると確信している。学校の要求に立ち向かえないのではないかという怖れが彼女の抵抗の本当の理由であるということはほとんどありえない。彼女はいつもよい生徒で、彼女の先生方は親切であるように思える。

「それからレイチェルは、中学校で下級クラスに入ることが許されたら学校に行くといった」

この「もしも」という言葉を聞く時はいつもいくつかの不可能な条件を予想できる。レイチェルがクラスから離脱し彼女の環境全体を心配させる本当の理由は、新しい状況に対処する勇気を欠いているということである。彼女は自分の無能力を誇っており、勉強ができないと主張すればするほど、教師と親はいっそう反対のことを主張する。これが劣等コンプレックスを優越コンプレックスに変換する方法の一つである。

「彼女は小学校で在籍していたのと同じようなクラスに入れられたが、約束を守ることはできなかった。彼女の母親は小学校へ行って、中学校に戻してほしいと頼んだが、これは認められなかった。父親がレイチェルを殴ったが、学校に行くことを拒んだ。ついに学務課でヒアリングが行われ、レイチェルは病院の一つにある子ども診療所へ連れて行かれた。この診療所で、しばらく家にいることが認められた」

レイチェルの一連のトラブルは増しており、彼女のケースがついには新聞に出ることがあっても驚くことではないだろう。子どもは診療所を彼女の罠に嵌めることに成功した。レイチェルを家にいさせるだけでは十分ではない。なぜなら、彼女は同じライフスタイルを持った同じ子どものままだからである。

「レイチェルはこの病歴記録のための質問に答えるために学校にやってきた。その際、友達にしたと思える女子を連れてきた。この友達の影響はレイチェルを学校に通うように導く方向にある。レイチェルは次の秋学校に行くと決めた。

レイチェルは、もしも彼女の友達と同じクラスに入ることができれば、学校に行くともいったが、この要求は却下された。今や彼女は非常に心配している。その友達が六月に進学し、レイチェルは彼女とは同じクラスにはいられなくなるからである」

友達に付き添われなければならないことと学校に行く決断を延期することは、すべて劣等感の兆候である。広場恐怖症と呼ばれる神経症を発達させるのはこのタイプの人である。この神経症はいつも誰かに一緒にいてもらい、支えてもらうことを要求する。賢明に自分の状況を設定することで、この子どもは彼女の目標を維持し、教師と医師と親を不可能な状況に置いた。レイチェルは征服者である。

「レイチェルは一見、時には臆病であるふりをするが、登校を拒否している間、従順な性質以外のすべての性質を見せた。彼女はいくつかの機会には非常に生意気で無礼だった」

この興味深い証拠は、彼女は支配的なタイプに属しており、他の人と闘うことをまったく嫌っていないのではないかという私の感覚を確かめる。彼女の唯一の怖れは新しい状況に一人で入ることである。

「小さな女の子であった時には、彼女の行いには何も問題はなかったが、一年半前、教師の一人が学校で彼女の勉強を批判した」

彼女が「いつも」問題であったという言明をわれわれが修正しなければならないことがわかる。レイチェルは明らかに空想上の虚構の優越性の目標を追求している。神を演じたいのである。この役割をうまく果たすためには彼女は欠点があってはならず支配的でなければならない。そして、もはやその役割を演じることができない時には、演じることを拒むのである。

「この時点で、彼女は今の症状を初めて現した。彼女は勉強ができないと明言し、家族が抗議したにもかかわらず、怖くて気が進まないからと時々休むようになった。彼女は健康全般のために家にいることを許された。最近、レイチェルはこの教師に対してそれを現す前に六ヶ月間、怒りを抱いていたことを打ち明けた」

この六ヶ月というのは非常に重要である。なぜなら、それは彼女の神経症的な行動のための準備期間だったからである。神経症は一夜で現れることはない。その前に育まれなければならないのである。

「一九二七年の二月、進学したが、新しいクラスでは前のクラスでのように学級委員長には選ばれなかった。これは別の教師の時のことである。しかし、当時彼女は自分の感情を隠した。教師が彼女の怒りを疑うことがなく、彼女の問題を見出さないためにである。困難は半年後に始まった。この時、彼女はしばらくの間学校には行かなかった。一九二八年の二月、学校に復帰し育成学級に入れられた。その時の教師は共感的で、このような子どもたちの扱いに経験があった。レイチェルはこの教師と共に一年留まり、勉強に興味を持ち、明らかに彼女の臆病を克服した。彼女は集会の催しに参加するよう勇気づけられ、独唱までした。それを楽しんでいるように思えた。レイチェルがクラスになじんでからは、時々以前の臆病とは反対の態度を見せるようになった。教師がレイチェルの縫い物を彼女のために見つけることができなかった時、彼女は非常に生意気な態度を示した」

この少女が、良好な状況にいる時には、いかに容易に彼女のライフスタイル全体を変えることができるかがわかるだろう。

「両親は健在である。家族構成は十九歳の姉、十七歳の兄、十二歳のレイチェル、七歳の妹、五歳の弟である」

彼女は兄より五歳若いのがわかる。年齢がかなり離れているので、彼女の状況は第一子の状況に似ている。彼女の妹は五歳離れており、弟とは七歳離れている。レイチェルは、妹が生まれた時に、家族の中で中心的な場所に慣れていた子どもに典型的な王座転落を経験した。

「父親が家族を支配している。一時は、第一子の息子が父親のお気に入りだった。母親にはお気に入りの子どもはいなかったが、子どもたちが大きくなるにつれ、子どもたちのすべてと対立した」

おそらく、母親は子どもたちが小さい間は子どもたちと十分うまくやっており、子どもたちがほしがるものを与えることができたのだろう。長じるにつれて、もはやそうすることができなくなると、子どもたちは問題を起こした。おそらく、レイチェルはその上病気だったのであり、彼女が与えられるべき以上に甘やかされたのである。

「子どもたちは互いをからかったりはしないが、レイチェルは醜いアヒルの子であるように思える」「醜いアヒルの子」というのは、おそらく彼女がいらいらし支配的であることを意味している。他の人の間でもめごとを引き起こしているのはありそうである。

「兄は爪を噛む癖がある。レイチェルが兄がそうしているのを見る時、彼女は非常に動揺し、叫ぶ。兄はレイチェルが神経質な状態にあることがわかるが、爪を噛むことをやめない。母親はこの状態の全体において無力である。姉はレイチェルに非常によくし、彼女に対して母親のような態度を取る。レイチェルを着替えさせ、映画へ連れて行った。レイチェルは姉が自分によくしてくれることに感謝しているように思える。レイチェルは妹と仲がよく一緒に遊ぶ。この妹は家族の他の皆がそうであるように彼女に屈するからである」

レイチェルのライフスタイルについてわれわれが形成した考えを確かめるさらなる証拠である。彼女はいらいらして叫ぶ時に家族全体を支配する。

「父親と一番上の姉は働いている。家には部屋が五つある。そして、レイチェルは姉と一緒に眠る。子どもの出産は正常だった。三ヶ月母乳で育てられ、離乳した時に胃の障害が始まった。子どもはくる病だとされた。そして、生後最初の三ヶ月の間毎週数ヶ月大学付属病院へ連れて行かれた。十歳の時、心臓の病気のために少しの間ベッドで安静にしていなければならなかった。いつも胃に障害があったが、今は健康である。市電に乗る時以外には吐かない」

病気のためにどんな気まぐれも許されたのである。そして、この幸福な状態を永続させるために、彼女の不健康を利用するようになった。これは彼女の市電に乗った時の反応によって証明される。市電には命令できないので、彼女はいらいらし、このいらだちを彼女の劣等器官によって、つまり消化管によって表現する。これは広場恐怖症の始まりかもしれない。

「彼女は家では食べず、隣人の家で食べることを好む」

またもや不完全な胃が語っている。今度は母親への非難としてである。

「おそらく、家の食事は食欲をそそらないのである。これは調査者によって明らかにされた。ランチは缶詰のサーモン一皿から成り、これはおそらく繊細な子どもには気に入らないだろう。妹は家で食べたくないというレイチェルの例に従っている」

おそらく、この家では食べることの重要性が過度に強調されているということもありうる。そして、子どもたちは母親に対する攻撃点を選んでいるのである。

「レイチェルは十三ヶ月で歩き話し始めた。喉の中に腫れ物ができたので、一歳半の時に扁桃腺が取り除かれた。ごく初期に水疱瘡になった。母親は、レイチェルは赤ちゃんだった時、人が怖く、その怖れを叫ぶことで見せたという。母親の報告によれば、彼女は自分なりに清潔できちんとしていた。身だしなみはよく、時間通りに登校し、几帳面に作文の宿題をする」

赤ちゃんの時に怖れが有利であったように、自分の有利な状況を維持するために学校では清潔であることを利用する。

「彼女は学校に行きたくないという家族の願いには無関心である。学校では子どもたちとはうまくやっており、二年生の時には他の問題のケースに共感するほどだった」

この関心は「私は問題のケースではない」という意味である。

「レイチェルは、二学期は、同級生のモリーという生徒と遊んだ。モリーは十二歳だったが、レイチェルほど賢くはなく、どちらかといえば静かな少女であり、リーダーではなかった」

レイチェルが彼女のクラスメートを支配することに成功したのは明らかである。さもなければ、二人の友情は続かなかっただろう。

「レイチェルはゲームをしないが、映画には行く。物語ることができた彼女が好きな本や話は妖精物語だった」

映画には共同体感覚は必要ではない。子どもはヒロインと自分を同一視することで容易に自分が重要であると感じられる。ゲームにおける競争は自信と勤勉が必要である。

「今は学校に行こうとはせず、食べることも薬を飲むことも拒む。母親は妹に靴下を一足買った。それはレイチェルのサイズではなかったが、非常に気に入ったので、父親が家を出た後で、わざとそれを履いた」

父親が家族の中で支配者であることは明らかだが、家を出るとすぐにレイチェルが支配者になる。

「他の子どもたちは彼女の状態をわかっており、彼女に屈する。彼〔女〕らは彼女に思いやりがあって優しい。レイチェルは前のクラスと小学校では完璧にうまくやっていた。そこではある程度まで甘やかされていたからである。教師は勉強ができない時彼女は怖れを表明すると報告した。ひとたび怖れると、彼女は泣いて手を口のところへ持っていったが、その手はけいれんした。彼女は母親にされるように世話をされ、教師の机の側にすわることを許された。そして、他のクラスの子どもたちは彼女を不安にさせないように警告された」

怖れは最強の武器である。武器を手段として彼女はまわりをコントロールすることができる。

「彼女は一学期の間は多くの問題があったが、二学期は他の子どもたちとは変わりなく、非常によく適応しているように思えた」

自分がほしいものを手に入れる時には、どんな問題も起こさないというのは非常に明白である。

「レイチェルの早期回想は、三歳の時、姉のメリーが友達からもらったローラースケートを手に入れたというものである。レイチェルはそれを使いたがったが、許されなかった」

靴下であろうと、ローラースケートであろうとほとんど違いはない。レイチェルは他の子どもたちが自分が持っていないものを所有していることに腹を立てているのである。

「最近、彼女はこんな夢を見た。彼女は家の中にいて、暗くて、彼女を脅かすように見える地下室のドアを通らなければならなかった。その地下室のドアを通らなければならなかったので、家から外に出て行くのが怖かったという夢を見た。母親は眠っており、子どもたちは母親を起こさないように警告されていた。何人かの友達が家の中にいた。子どもたちは静かにしていることができなかった。彼らは母親を起こしてしまった。母親はベッドから出て、ハンマーで武装して彼らのところへやってきた。レイチェルは自分が守っている二人の弟と姉を連れて行き、恐ろしいドアを通って外に出ようとした。声がドアの方から聞こえてきた。『戻ってきなさい、傷つけたりしないから』。彼女は安心し、この時点で目が覚めた」

夢は、レイチェルが家を出て行くことに反対する感情的な態度を準備しているということを見事に示している。これは広場恐怖症の始まりの別の症状である。夢は、彼女は危険を意味しているドアを大きな恐怖がある時にだけ通るだろう、しかし、声がドア自体から聞こえ、それは母親の脅迫をあまり本気で受け取ってはいけないという意味である。夢の意味はこうだ。「不快でも家にいなさい。そこにいれば何か非常に危険なことは起こりえない」

「彼女の野心はタイピストになることである。彼女は黒人を怖れる」

黒人を怖れることはウィーンは彼女にほとんど役に立たない。ウィーンには黒人は非常に少ないからだが、アメリカでは不安を創り出すための優れた方法である。それは外へ出て行かないための他のどんな理由にも匹敵する。

「このケースについての生徒の議論は次の通りである。レイチェルは甘やかされた子どもで、不健康を他の人に自分の意志を押しつけるために使ってきた。彼女は自分の弱さを見せる力を得たいと思っている。彼女の夢は、彼女の両親がするように彼女の邪魔をすることはできない小さい子どもたちを保護しなければならないと感じていることを示している。彼女の野心は、よくできると感じている線（作文）に沿って自己表現の欲求を示すかもしれない。彼女の学校での問題は大部分は算数の困難と関連していた」

私が見る限り、このレポートを持ってきた生徒は、レイチェルの状況を見事に要約している。母親との議論は次の追加情報を引き出した。レイチェルが学校を変わった最初の日、教師は彼女が書けなかった文章を書くために黒板のところへ呼び出した。子どもは泣き始め、教師はいった。「馬鹿だなあ、もういいから席に戻りなさい」。レイチェルは帰宅するといった。「お母さん、学校に行きたくない。教師はひどい。もう行きたくない」。この時から彼女は学校へ行くことを拒んだ。

2. カウンセリング

子どもが母親と一緒に入ってくる。

アドラー：入ってきてすわりなさい。機嫌はどうだい？　この場所が好きかね？　学校のように見えますか？

レイチェル：はい。

アドラー：ここにいる人は皆あなたのことが好きだ。皆、あなたを見ている。嬉しい？　あなたはどこにいても自分のしたいようにするのが少し好きすぎるのだと思う。皆の注目を得ることが確信できない場所があれば、そこへ行かないための口実を作り出そうとする。外の通りへ出て行かないために黒人が怖いという口実を作る。誰も全世界の注目をいつも保持することはできない。でもあなたが友好的で親切であれば、皆があなたのことを好きになるだろう。私は先生があなたのことを馬鹿だといったということを知っているが、そんなことはない。私はあなたが非常に知的であるということを確信している。教師たちは私のことを非常に愚かだといっていたが、わたしはそのことを笑った。誰でも学校の勉強はできる。私たちは皆あなたが勉強ができるということを知っている。でも、黒人が怖いからといって家にいれば、結局あなたはそれほど知的ではないと考えることになるだろう。私があなたなら、私はお父さんと友達になるだろう。私はお父さんが君のことを大変好きだということを確信している。ご両親があなたが二人に関心があることがわかれば、家族の中でもっとも重要な成員であることを見せるためにあらゆるトリックを使うよりも、あなたのことをずっと好きになるだろう。よい生徒になりたいですか？

レイチェル：はい。

アドラー：あなたが試すなら、一週間後にはそれができるだろう。私に手紙を書いて、どんなふうか知らせてくれませんか？

レイチェルと母親が出ていく。

アドラー：母親も子どもも私がいったことをどれほど理解したかわからないが、私がしようとしたことをあなた方は皆知っているだろう。レイチェルに近い誰かが彼女に彼女のトリックをもっと完全に説明し、それを断念するよう勇気づけてほしい。子どもが母親か父親に抑圧されていると感じれば感じるほど、家族と学校をいよいよ専制支配したいと思う。彼女が彼女の目標が不毛であることを理解すればすぐによくなるだろう。教師の協力があれば、このケースはよくなるだろう。

（一週間後子どもから受けた手紙は次のようである）

一九二九年五月二十二日

私の親愛なアドラー博士。

今週はまったく違った週になりました。私はずっと外に出ていました。先生のところにいったのがよかったと思います。X先生は、先生の学校で私が小さな子どもたちに時々何かを教えるように勧めてくれたらいいと考えています。私はこの手紙を書くために学校へ呼ばれました。これは私が初めてタイプした手紙です。

あなたのレイチェル

第十一章　生まれつきの精神発達遅滞

1. 症例報告

今夜は、子どもが実際に精神発達遅滞かどうかを決めなければならない難しいケースがある。いくぶんよく似たケースを既に見たことを思い出すだろう（「母親の支配」）。それゆえ、考察しなければならない医学的な兆候の診断や叙述の詳細には入らない。私はこの少年が学校に行かず、家でも勉強を教えられていないと理解している。彼には姉がいて、学校に行っている。

家族の中で学校に行っていないのは彼だけである。知能検査はここで発達レベルを決めるために少し価値があるだろう。私は、今晩する知能テストが使用できる唯一の、あるいは最善のものとはいわないだろう。しかし、この子どもが精神発達遅滞かどうかを決めるだけで十分だろう。テストの後、少年を個人心理学の方法で彼が一定のライフスタイルを持っているか、つまり、彼の動き、態度、感情、思考が一定の目標に向かっているかを知るために吟味しよう。この種の困難なケースから多くのことを学ぶことができる。

症例報告には次のようにある。

「シドニーは十歳の少年で読むことも書くこともできず、何であれ彼に読み上げられたらいらいらする。記憶力が弱い。そして、精神発達遅滞かどうかという問題がある」

ただ読めないとか書けないということは精神発達遅滞の兆候ではない。子どもは学校の勉強によく準備されてこなかったのかもしれない。大抵の精神発達遅滞の子どもたちが読めないか書けないというのは本当だが、もしも読むことを抗しがたい課題であると見なし、そこから逃れたいのであれば、知的な子どもと見ることができる。精神発達遅滞の子どもであれば学校にいようとするであろうし、困難から抜け出すための努力を何もしない。

「子どもの筋肉の発達はよくなく、神経と筋肉の相互作用に問題がある。助けがなければ服を着ることも脱ぐこともできない」

ここでもまた彼の知性が不十分なのか、あるいは絶え間なく援助されたいのかを決めなければならない。もしも甘やかされた子どもであれば、これは非常に深刻なケースである。

「彼はくる病にかかり、歯の発達はよくない。医師は数年前、歯を九本抜くよう助言した。三歳半まで歩けず、五歳まで話すことができなかった」

くる病は骨の病気であり、子どもの体質の他の不完全さによって通常複雑にされる限り続く。歯はおそらく並びがよくないので抜かれたのだろう。五歳まで話せない子どもが精神発達遅滞なのか、それとも甘やかされ子どもなのかを決めるのは難しい。

「彼はいつもおねしょをした。今も続いている。あまりにしばしば、とりわけ神経質な時に排尿する」

おねしょは甘やかされた子どもたちにはよくある。とりわけ弟か妹がいる時はよくある。昼間にもしばしば注目を得るために失敗する。あたかも「僕はまだ大きくない。いつも僕のことを見ていないといけない」といっているかのようである。

「両親の間には血縁関係はない。家庭の雰囲気はよく調和が取れている。家の中には喧嘩も叱ることも小言をいうこともない。少年は父親が大好きである。母親は働きに出ており、メイドが二年ほど前までは子どもたちの世話をしていた。家には四つの部屋があり、子どもたちのためには二つの小さなベッドがある。宗教はユダヤ改革派である」

おそらく、母親が働いていてシドニーの世話をしなかったので、シドニーは父親に向かうことになったのであろう。両親からメイドが彼の信頼を得ることができたかを聞かなければならない。

「早期回想はない。時々、二年前に亡くなった祖父の夢を見る。祖父がどんなふうに現れたかを知ることはできなかった」

彼は八歳の時に経験した祖父の死によってひどくショックを受けたのかもしれない。子どもは死を怖れているのだろう。子どもは怖れるのが都合がよければ、怖いものの夢を見て、怖いものを見つける訓練をする。これは誰かが彼を守るためにいつもいなければならないという意味である。この子どものライフスタイルが明らかになってきそうである。

「彼は少年の友人と闘い喧嘩をする（少女の友人はいない）夢も見る」

喧嘩の夢を見るのは通常臆病な人である。子どもは自分自身の臆病に苛立ち、それで夢と空想の中で自分を英雄にし、自分が満足いくようにいかに実際に自分が価値があるかを証明するのである。ある仕方でこれは一種の教育だが、最善の教育とはほとんどいえない。

「兵士になるのが彼の野心だが、警官になることを期待している。戦争に行けば殺されることを怖れているからである。配管工になりたいとも思っている。女性のために働くことになるからである」

ここに死の怖れがあり、積極的なライフスタイルのさらなる証拠である。臆病な子どもたちが戦闘的な行いに対してどのように自分たちを訓練するかを見るのは興味深い。しかし、シドニーはいくぶん兵士になることが自分にとってあまりに荷が重いのではないかと怖れており、警官になることで満足している。配管工になりたいという彼の欲求も勇気の欠如を示している。彼は女性のために働く方が、彼の野心の下降スケール――兵士、警官、配管工においては、より容易であると考えている。彼は絶え間なく勇気がくじかれているのである。これは葛藤の例ではない。彼が臆病者になるか、それとも兵士になるかという問題ではない。彼は臆病者であるにすぎない

「軍隊で太鼓奏者になることも彼の野心である。彼は様々な種類の音楽を区別し、音楽家を彼らに相当する音楽と関連づけることができる。彼は男の子の友達しかいない。それも通常、自分よりも若い」

十歳の子どもが男の友達しかほしくないとすれば通常、自分ができるだけ小さな役を演じるステージに立ちたいからである。彼の見方からすれば、彼はまったく正しい。そして、彼は母親よりも父親に親しいので、彼は女性を怖れ、信頼していないと仮定してよい。おそらく、彼は女性によってひどい目に遭ったのであり、彼に対する母親の態度を調べなければならない。母親は父親よりも彼に対して厳格なのかもしれない。

「彼は子どもたちが彼のことを『馬鹿』と呼ぶので学校に行くことを怖れる」

これは非常に疑わしい。なぜなら、子どもたちはしばしば驚くほど優れた判断をするからである。

他方、子どもたちはしばしば残酷で誇張する傾向がある。

「彼はあらゆることについて多くの質問をする。ボール遊び、大理石遊びなどを気晴らしのためにする」

私はフロイト派がするように、これらの多くの問いがセックスに関係があるということを自明と見

ることはできない。彼が情報をほしくてたまらないということもありそうではない。ずっとありそうなことは、彼が他の人が自分にかかり切りになるようにするために愚かな質問をするということである。

「彼は必要なものや、キャンディ、アイスクリームを買うためにお金を貯めるのが好きである」

これはより知的に聞こえる。

「一日のルーティンは次のことから成る。朝食を食べ、それから近くのガレージへ行き、そこで機械工がバスを準備するのを見て彼らがバスを運転するのを見る。機械工と車について議論をする。最近までは一度に四時間か六時間以上は眠ることができなかった。この数ヶ月の間はカイロプラクティックの治療を受けており、今は覚醒することなく九時間眠る」

もしもこれが正しく観察されているのであれば、子どもは本当は眠ることが好きではなく、彼が甘やかされていることのさらなる証拠であると考えられる。甘やかされた子どもは眠ることが好きではない。大人の環境との結びつきを失うことを嫌うからである。

「一年前、彼は彼の亡くなった叔父がベッドの上で首をつっている夢を見た。そして、毎朝目が覚めると、叔父が彼を殺すだろうと信じたので、神経質で意気消沈した」

またもや、死の観念と死の怖れがある。子どもがひどく怖がっていると、多かれ少なかれ確信することができる。使用人たちは時に子どもたちを自分たちに従属させるために怖がらせる。これは極度に危険な方法である。

「時間をいうことはできるが日はいえない。おもしろい映画が好きである。母親は、子どもは困難を克服し、治療は必要ではないといわれた」

この記録はかなり不十分なので、記録を完成させるためにもっと多くの事実を知らなければならない。まず第一に、われわれは最初の年について、そしてなぜ彼がこれほど臆病になったかを知らなければならない。なぜ彼の祖父の死によってこれほどまでに影響を受けたかを、なぜ彼は叔父が彼を殺すと怖れているかを見つけたい。また、母親の子どもへの関係を理解することも非常に重要である。これは両親とのカウンセリングが必須であるケースの一つである。

2. カウンセリング

両親が入ってくる。

アドラー：子どもさんについて、特に家ではどんな様子なのかをもう少し知りたいのです。

父親：彼は通りが大変好きで、同じ年頃の少年の友達と走り回っています。彼は彼らが好きですが、なぜ彼らが彼をからかうのか彼にはわかっていません。

アドラー：彼らは、彼と他の子どもたちとの大きな違いに気づいてますか？

父親：はい。彼は他の子どもほど物事を理解していません。彼は非常に優しく、人がよく愛すべき子どもです。家での行動に関する限り、彼は大変いい子で、特に音楽が好きです。リズムのあるものであれば何でもわかります。妻は私よりも音楽が好きです。家には楽器はありません。ラジオがあるだけです。

アドラー：何か他のことに興味はありますか？

父親：音楽にしか興味はないように思います。彼の野心は非常に特異なものです。ある日は、指揮者になりたいと、次の日は警官になりたいといいます。どんなものであれ制服を着るものが彼を引きつけます。

アドラー：なぜ働きたいのですか？

父親：制服を着るためです。

アドラー：お姉さんに対してはどんなふうにふるまいますか？

父親：互いに好きです。

アドラー：時々夜に泣きますか？　起きて彼を見に行きますか？

父親：トイレに行く時だけです。

アドラー：朝はどんな様子ですか？

母親：一人で起きて歌を歌い始めます。いつも機嫌がいいです。ラジオから聞いた曲を何でも歌います。

アドラー：もっと小さな子どもだった時、あなたには正常に見えましたか、あるいは、時にはぼんやりした表情をしているのを見ましたか？

母親：三歳頃、物事を理解していなかったように思います。

アドラー：三歳より前は気がつかなかったのですか？

母親：一歳の終わりまでは普通の子どものようにふるまっていましたが、それから彼が歩くようにはならないこと、いつも耳を傾けていることに気づきました。歩くことはできませんでしたが、部屋の中で起こっていることには関心がありました。

アドラー：知らない人に対してはどんなふうにふるまいますか？

父親：大変友好的です。

アドラー：学校に連れて行こうとしたことはありますか。

父親：去年まではしたことがありません。ABCを教えることができなかったからです。

アドラー：遅れた子どもたちのための学校があることは知らなかったのですか？　その学校には、そのような子どもたちを訓練する優れた方法を知っている特別に訓練された教師がいます。

父親：そのような学校を探そうとしましたが、成功しませんでした。

アドラー：お姉さんはどうですか？

父親：姉は身体的には申し分なく、今年高校を卒業します。

アドラー：少年は臆病な子どもですか？

父親：いいえ、彼は何も怖いものはないように思えます。私たちのところには、息子よりもずっと臆病な彼を世話をするお手伝いがいます。そして、彼女は他の子どもたちが彼女を殴るのではないかと怖れています。彼は暗闇も犬も怖くはありません。

アドラー：この少年の医学検査をして、彼の身体全体を見たいと思います。

父親：このことをお話した方がいいでしょう。三歳の時、別の子どもと遊んでいる時に、その子どもが彼の頭をレーキで殴りました。これが何か障害をもたらしたかどうかはわかりません。

アドラー：その時、気絶しましたか、意識を失いましたか、それとも吐きましたか？

父親：いいえ。

アドラー：身体に畸形はありますか？

父親：畸形があるとは思いませんが、非常に痩せていて、耳が突き出ています。

アドラー：さて、少年を調べたいと思います。

両親が退場する。
アドラー：両親とこれ以上話すよりも、少年を実際に見ることでもっと多くのことを学べると思う。
少年が入ってくる。
シドニー：こんにちは、先生。
アドラー：元気？　大きくなったら何になりたいですか？
シドニー：兵隊になりたい。
アドラー：おや、私はもう戦争はごめんだね！
シドニー：どういう意味ですか？
アドラー：平和な方がみんな幸せだからだ。
この会話の間、アドラーは少年の頭を調べている。
アドラー：君は友達の少年たちとどんなゲームをするのですか？
シドニー：何でも。
アドラー：今日は何月だと思う？
シドニー：今日は土曜日だ。
アドラー：何月？
シドニー：八月（本当は五月である）
アドラー：（コインを何枚か見せて）どっちが高い、これかな、それともこれかな？
シドニーはクオーター（二十五セント硬貨）がダイム（十セント硬貨）よりも高いことを知っている。
アドラー：アメリカで一番大きな都市は？　知ってる？

シドニー：アメリカが一番大きな都市だ、イングランドが二番目だ。
アドラー：君は学校に行って読み書きを習いたいかい？
シドニー：うん。
アドラー：お父さんにどこの学校に入れるか話しておこう。君はどこに住んでいるのですか？
シドニー：アメリカの東一七〇番街。
アドラー：君の家の番地は？
シドニー：何番地か忘れたよ。
アドラー：一人で家に帰れる？
シドニー：帰れない。
アドラー：ここはどの建物？
シドニー：これは大学だ。
アドラー：このような大学では何をするの？
シドニー：質問したり、書いたり、何でも。
少年が出て行く。
アドラー：これらの質問をしている間、私はこの子どもの身体を調べていた。そしていくつかの変性の兆候を見つけた。もっとも重要なことは、彼の頭が異常に小さいということである。小頭症と呼ばれているものだ。そして頭蓋骨の左側が対照的ではない。知性の欠陥は疑う余地がない。もしもこの少年が本当のライフスタイルを持っていれば、彼は怖がるだろうが、部屋に入ってくる仕方も彼の活動についての父親の話も、彼が臆病ではないことを示している。精神発達遅滞の子どもたちは、不適応の子どもとは怖れないということでしばしば区別される。この子どもは彼が危険の中にいることを知るには十分知的ではない。われわれの他のケースの一つを覚えているだろう。臆病で甘やかされた子どものケースだ。彼はここに連れてこられたらすぐに母親を求めて叫び声をあげて泣いた。彼は私を見るようにはほとんどできなかったし、まして私に話しかけることはなかった。この少年の行動は違った。彼は怖れずに部屋に入ってきて、自分から会話を切り出した。彼が精神発達遅滞であることはほとんど疑いない。教育委員会がこのような遅れた子どもたちのための学校を提供しているのを知っている。父親にこのケースを持っていた教師が子どもをこれらのクラスの一つに入れるよう助言するべきだ。

第十二章　病気による専制支配

1. 症例報告

今晩われわれが考察するケースは五歳半の少年のものである。記録では彼の現在の問題は従順ではないこと、残酷、多動、そして「息を捉えることができない」（息ができない）ことである。子どもが従順ではなく残酷で多動であれば、これらの性格特性が誰かに向けられていることは明らかである。ミルトンの母親は、「ある程度の協力を子どもから要求する良心的で几帳面な女性である」と仮定してもよい。他方、ミルトンは明らかに母親には屈する気はなく、おそらくそれは母親は自分に対して不当であるか、厳しいからである。彼の復讐は母親に強烈な影響を与えるような行動を選ぶことである。なぜなら、家を完全にきちんとしておきたい主婦が椅子からテーブルへとジャンプし、カーテンを引きはがしお皿を割る多動の子どもに腹を立てるのは当然だからである。

呼吸が困難になるのは、残酷であることと多動とまさに同じ種類の抗議である。少年が多動である時には、筋肉で抗議し、息ができない時には肺で抗議をする。われわれの様々な器官が話すスラング（臓器言語）を理解することを学ばなければならない。しかし、ミルトンがおそらく一定のタンパク質に対して過敏であるために本当に喘息であるということはありうる。しかし、もしもこれが本当であることが判明したら私は非常に驚くだろう。呼吸による抗議はこの子どものライフスタイルの重要で論理的な部分であろうからである。

症例記録はさらに続く。

「ミルトンは三人の子どもたちの末子である。二人の十二歳半と九歳半の姉がいる。二人の姉はかなりよく適応しているように思える。末子の子どもは主たる困難の源泉である。父親は週に四十五ドル稼ぎ、家賃は一月に二十五ドルである。母親は働いていない。部屋は四つあり、きちんと片付けられている。ベッドは三つある。家族は正統派のユダヤ教徒である」

おそらく、母親はきちんとしているということで姉たちを賞賛した。ミルトンは姉たちと競争する希望を失った。彼が以前は甘やかされていたことは大いにありうる。もしも彼が何度も病気になっていれば、病気の間は快適に過度に甘やかされることを学んだかもしれないし、母親の注目を自分に確保するために、人為的な病気のメカニズムを採用したのである。

「姉は一人で寝るが、少年は父親か母親と一緒に寝る。母親と一緒に寝る方が多い」

五歳半の少年であれば一人で寝ているはずである。母親と一緒に寝ることを好んだとしたら、彼があまりに母親に愛着しているということをはっきりと示している。彼は夜、母親との結びつきを維持することに成功したが、他方、昼間は母親の注目を多動であることによって得ている。この年の子どもが親と一緒に寝るのであれば、彼が家族のステージの中心を占めることはあまりに容易である。おそらくミルトンの人生目標は、母親に見守られひいきされることである。家族の中の闘いは、母親が明らかに息子が社会適応し、健康できちんとしていることを望んでおり、他方、少年は赤ちゃんのままでいることに最善を尽くしている。

「ミルトンの身体の発達は次のようだった。彼は月満ちて生まれた赤ん坊であり、母親は出産時に困難を経験しなかった。生まれた時の正確な体重を覚えていない。彼は不規則に母乳で育てられ、哺乳瓶が補助的に使われた。小さな頃は気管支炎、肺炎、肋膜炎、扁桃腺、くる病になった」

これは彼の副甲状腺の発達が遅れており、彼のパーソナリティの全体が不安定であることとの証拠であるかもしれない。大いにありそうなことは、彼は大きくなるにつれてこれらの障害から回復するだろうということである。子ども時代のひきつけは非常に怖いかもしれず、ミルトンは疑いもなくそれが起こってから非常に緊密に見守られていた。子どもは病気の実際の危険を学ぶことを許されるべきではない。

このケースの一番初めに、ミルトンが息を吸えないことは呼吸器官の言語による抗議であるという理論を出したことを覚えているだろう。呼吸器官の様々な病気にかかったという情報はこの考えを裏付ける。肋膜炎や気管支炎おいては、呼吸はきわめて困難である。そして、病気の子どもは親には非常に恐ろしい苦悶した不快の像を呈する。

病気の間、ミルトンの呼吸のすべては注目と心配の対象だった。今や彼より適応した姉たちとの競争関係に不利な状況に自分がいるとわかった時、彼は母親をいわば肺で脅かすのである。彼は呼吸器官のスラングでこういっているのだ。「僕の世話をしろ。さもなければ僕は病気になり、後悔するぞ」

「彼は生まれた時、短舌だった。そこで舌の繫帯が切除された。最初のけいれんの間、母親は子どもはダウン症であり、一人前にはならないだろう、といわれた」

私の考えでは繫帯を切除する必要はめったにない。家族は子どもには言葉の障害があることはわかっていたに違いない。母親が彼がダウン症かもしれないという考えにショックを受けたことは疑いない。ケースの一部分しかわれわれは聞いていないが、この理論はありそうもない。ダウン症の子どもたちはいつも柔和で従順である。彼〔女〕らはめったに問題を起こさない。非常におとなしく決して喧嘩をしないからである。非常によい家系でもダウン症は時々起こるが、それが認識される多くの兆候がある。通常、頭が小さく、鼻は丸く上に向き、幅の広い舌には多く亀裂があり、しばしば非常に長いので子どもがそれで頬に触れることができるほどである。皮膚が乾燥していることと時に指か足が癒着していることがさらなる特徴である。

「ミルトンは母親に非常に愛着しているが、彼をからかう姉たちとはかなりの衝突がある。彼は姉たちや他の子どもたちには残酷である。組織された気晴らしはないが、通りで遊ぶのが好きである」

おそらく、ミルトンは赤ちゃんの時や病気の間ひどく甘やかされたが、長じるにつれて母親の愛情と心配を失うことになったのである。多くの母親は最初の一年か二年は事実上子どもの全人生を生きることができるが、後には人生の本来のあり方によって子どもは自立して生きないわけにいかない。六歳の子どもを小さな赤ちゃんと同じほど甘やかすことはできない。子どもは家庭の気分が変わったことを感じることができる。このことを認識するとすぐに、子どもは反抗の兆候を見せるだろう。

姉たちはおそらくミルトンに反目し、彼を復讐のためにからかうのである。記録から少年が残酷であることがわかる。心理学の言葉では、これは彼が勇気をくじかれていることを意味する。残酷さへの異常な傾向を持った子どもたちは、非常にしばしば、弱い、あるいは疑わない子どもたちに暴力を振るう。自分を慰め、重要性が減ったことを忘れるためである。

「母親は子どもの喘息発作のことを非常に心配している。ミルトンは、喘息に何らの器質的な原因を見出さなかった内科医によって教育相談所に紹介された」

子どもたちの喘息が器質的な病気であることはめったにない。多くのケースにおいて、それはミルトンがそうだったように肋膜炎や肺炎にかかった子どもたちに起きる。彼〔女〕らは見るのが怖い病気である喘息を刺激することで親を支配し、自分たちの弱さから力を創り出す。ミルトンは自分の優越性を見せるのが困難だった時、あるいは母親を攻撃し注目を得たい時はいつも彼は器質的体質を利用する。喘息は彼の切り札である。

「母親はミルトンがいつも飛び回ると不平をいう。そして、怪我をしないかと絶え間なく怖れている。子どもの健康に気にかけ、あまりに心配性である。彼は午前中をすべて母親と共に過ごす。その間、彼はいつも面倒をかける」

これは少年の行動が母親に向けられているということの決定的な証拠である。彼は母親があまりに心配するという傾向があることを知っており、アクロバティックな芸当によって母親のもっとも弱い点を突くのである。

「午後は保育園で過ごす。そこではミルトンはかなり適応しているように見える。少年は誰も遊ぶ相手がいないと不平をいう。父親も母親も時々子どもを自分たちに従わないという理由で叩く。少年は絶え間なく『これをしてはいけない』『あれをしてはいけない』という壁に囲まれている。止められると、通常、喘息の発作に襲われる。母親は自分が病気なので、子どもに発作を起こさないように訴える」

ここに状況全体の核心がある。両親、とりわけ母親は子どもの健康が非常に心配なので、彼に他の子どもたちのように通りで遊ぶことを許さない。ミルトンは友達と一緒に遊びたいのでいらいらする。同い年の少年と一緒に遊べなければ、いたずらをして母親につきまとう。母親がこのことで彼に対していらいらすれば、彼は喘息の発作で母親を攻撃する。意識的な過程ではないけれども、子どもはこれらの発作によって得るものを無意識にわかっている。われわれは彼の発作が器質的なものではないということを知っているという点で、母親が優れた心理学者であることを認めなければならない。器質的な喘息であれば、子どもに発作をやめるように訴えてもどうにもならないだろう。足が不自由な人に片足を引きずって歩かないように頼まないだろう。しかし、母親は悪いテクニックに従っている。子どもの手に危険な道具を持たせているからである。彼女は自分の病気や健康を彼の気まぐれに依存させているからである。

「少年は叔父からもらった自転車を持っている。彼はこの自転車をあまり使えない。母親がそれを四階から下ろさなければならないが、母親はそうするにはあまりに弱いからである」

ケースの初めで、子どもはくる病であることが明らかにされた。これは彼の多動から引き出された状態かもしれない。自転車はこのような子どもにとって当然非常に重要であろう。そして、おそらくそれを使えないことに腹を立てているのである。

「ミルトンは毛布で目を覆って寝ている。一人で寝ることを拒む」

これは臆病な態度の特徴的な表現である。目を覆うことで敵対的な世界を閉め出すのである。そして、両親と一緒に寝ることで、夜も、昼間喘息と多動によって維持している結びつきを維持しているのである。

「ミルトンの最初の早期回想は『僕は小さな赤ちゃんだった時、歩いていた』というものである」

歩くことの関心は、くる病が彼の人生において重要な役割を果たしてきたことのさらなる証拠である。このタイプの子どもはいつも非常に積極的で、運動する十分な機会が与えられなければならない。

「ミルトンの野心は医師になることである。彼は『僕は調べたい』といっている。彼は『大きな学校』にいたい。彼はまた書くことも学びたい。彼は既に文字を写すことを学んだ。もっとも文字の意味は知らないのだが」

ミルトンのように病気だった少年は医師の役割を必ず非常に高く評価するだろう。子どもが病気の時は、両親は医師を呼ばなければならない。そして、神秘的な検査の後、彼らは医師の指示に絶対に従う。私は多くの点で私自身の歴史はこの少年の歴史と非常に似ているといわなければならない。私が医師に最初になりたいと思ったのは、非常に小さな子どもだった時に、肺炎になった後である。私は、医師が死を征服したと思ったように、自分でも死を征服したかった。

「ミルトンは自分では身体も洗わないし、着替えもしないが、通りで道を見つけることや使い走りをすることができる。彼は自分の家がわかる」

これは非常に教示的であるはずの見事なケースである。われわれの処置は個人心理学の根本的な理論を理解しているすべての人には理解できるはずである。われわれはこの母親に働きかけ、ミルトンをもっと自立させなければならない。母親は彼をあまり批判してはいけない。そして将来への怖れを隠さなければならない。少年の行動は家から離れるといつもよいということに注目してきた。そして、われわれは母親に少年はより社会的な環境においてよくなるだろうということを説明しなければならない。批判してはいけないが、新しい見方を得るよう勇気づけられるべきである。

2. カウンセリング

母親が入ってくる。

アドラー：こんばんは。私たちはあなたの息子さん、ミルトンのケースを調べています。多くの点であなたは非常に注意深い良心的な母親であることがわかりました。おそらく、あなたの主たる困難はあなたがあまりに心配しすぎるということにあります。ミルトンほど賢い子どもならもうこの年には自分で身体を洗い着替えるべきだと思いませんか？

母親：自分で身体を洗い着替えもできると思います。でも時間がかかりすぎ、学校に間に合わないのです。あの子は私をひどく神経質にさせます。

アドラー：何度か学校に遅れ、ゆっくりすることの結末を経験するのがいいですよ。家にいる時よりも家の外にいる時の方が態度がよいことに気づいていましたか？

母親：家ではずっと悪いです。カーテンを引きはがし、テーブルから椅子に向かってジャンプします。時にはテーブルをひっくり返します。

アドラー：なぜこんなふうなのかを説明するのは難しくありません。あなたの息子さんは子どもの時にくる病にかかりました。そして、子ども時代のくる病の結果の一つは多動であることです。彼は幸せでいるためには絶え間なく何かをしなければならないタイプに属しています。おそらく、家の外でもう少し自由でいることを許されるのがいいでしょう。自転車かスケートは持っていますか？

母親：自転車を持っています。でも、それを私はあの子が乗りたい時に下まで運ぶことはできないのです。それに、自転車に乗ったら轢かれるのではないかと怖いのです。

アドラー：おそらく、あなたは少し注意深く過ぎるのです。彼は知的です。だから危険を彼に説明すれば怪我をするとは思わないですけどね。彼にどれほどあなたが彼の能力を信頼しているかを示すいい機会です。これを試せば、彼がもっと責任を取れるようになることであなたに報いると思います。

母親：家の中を飛び回ることについては何ができますか？

アドラー：朝に遊びのグループに参加するように手はずを整えるのが賢明だと私には思えます。彼はこの種の活動が必要なのです。家の中で彼といる時間が少なければ少ないほど彼の成長にとっていいことでしょう。おそらく、近所の少年が彼のために自転車を下ろすよう手配できます。私はあなたに彼は本当の喘息を持っていないこと、しかし、あなたの注目を引き、あなたを脅かすために呼吸困難の症状を創り出しているということを理解してほしいのです。あなたは彼が病気だった時、大事に育て甘やかしましたか？

母親：はい、彼の病気は重く、世話をしないといけませんでしたから。

アドラー：今は彼はあなたがその時彼に与えた注目と世話を、過去にどれほど重い病気だったかをあなたに思い出させることによって再生しようとしているのです。あなたがこれらの呼吸困難の発作を見ないで無視すれば、もう発作を起こすことはないでしょう。その上、ミルトンに一人で寝させるようにするのがいいと思います。あなたと一緒に寝るにはもう大きいのですから。彼に今自立することを教えれば、完璧に正常な少年になります。彼はあなたから二人の姉の方が好きなのではないということ、彼が成長し有益な市民になることをあなたが期待していることを学ばなければなりません。

母親：あの子の心に何か問題がありますか？

アドラー：あなたの医師が用意した彼のカルテを見る限りでは、この少年にダウン症の痕跡はありません。彼は大変賢く知的ですが、彼の問題は赤ちゃんのままでいたいということにあります。赤ちゃんでいるよりは大人になる方がいいということをあなたは彼に示さなければいけません。そうすれば、あなたの医師がどんなことでも何か問題があればあなたを助けてくれるでしょう。彼の状況を改善するよう努めることは非常に価値があることです。なぜなら、あなたがわれわれに協力すれば、彼は速やかに進歩することを私は確信しているからです。さて少年を見てみましょう。

子どもが部屋に入ってくる。生徒がいることに少し驚き、母親を見て、母親の横に走って行く。彼は母親から離れようとはせず、アドラーが彼の身体を調べることを許そうとはしない。アドラーが質問をすると、ミルトンは母親を見上げ、「お母さんが話してよ」という。医師を見ようとはせず、顔を母親のスカートの中に隠す。どんなに説得しても彼をアドラーと話すようにはできない。母親と子どもが外に出される。

3．生徒との議論

アドラー：私はいつも私の生徒たちに、患者がいっていることではなく、していることにあたかもパントマイムをしているかのように観察するよう教えてきた。ごらんのようにこの少年は「こんにちは」とも「さよなら」ともいおうとしなかった。非常に優しく話しかけても、私とはどんな接触をすることも拒んだ。これは必ずしも勇気をくじくことではない。二度目はもっと容易になるだろう。明らかに彼の主治医はどうすれば彼の友情を得ることができるかを理解した。彼は少年の反応の多くを得ることができたのだから。あなた方のうちの誰でも子どもが母親に愛着しているということについてどんな疑いを持ったとしても、そのような疑いは少年の行動によって一掃されるに違いない。母親をシャンデリアからぶら下げたら、少年はそれでも何とかして母親の近くに行こうとしただろう。母親は彼の唯一の支えなのだ。彼は母親の手を借りなければ身体を洗え着替えることができないだけでなく、質問にも答えることができない。

いわゆる喘息に関する限り、それは呼吸器官の言語で書かれた同じ母親への愛着である。私はこの現象を臓器言語と呼んできた。自分の行動を言葉では表現できないが、何らかの器官や器官システムの異常な機能において表現するのである。喘息の症状を治療する方法は多々あるが、それらは患者を癒さない。この少年が治療されるのであれば、彼の自己評価が高められなければならない。

私の生徒の多くが、私がしばしばしてきた個人のライフスタイルは五歳までに固定されるという言明に疑問を投げかけた。このケースはライフスタイルが五歳の時にいかに完成しているかを見事に証明している。ミルトンは自分が支配できないあらゆる人を彼の社会から排除している。彼が学校では甘やかされ、そこでの最初の年は問題行動の兆候を表さないということは大いにありうるが、人生の後になって問題になることは、彼の社会的な結びつきに関する限り、そしておそらくは性的な結びつきに関しても、ほとんど確実である。

生徒：なぜ少年は先生が彼を母親から引き離そうとした時に泣いたのですか？

アドラー：長くつるだなにくっついていたつる植物がそこから離されることを怖れることを想像できる。ミルトンが泣いたのも彼の権力への意志の表現だ。ミルトンが本当に母親を愛していると信じてはいけない。彼が母親に関心があるのは、寄生虫（パラサイト）がその宿主に関心があるのと同じである。ただし、宿主が人間の寄生虫に適していない時、寄生虫は宿主を罰するという違いがある。多くの人は涙は弱さの印であると信じているが、このケースにおいてはたしかにそれは力の印である。ミルトンは母親以外の誰も見ないし、聞かないし、話しかけもしない。そして、母親に完全に愛着することに神経症の始まりがある。彼の態度全体は、「あなたは僕に何も要求できない。僕は病気の少年だ」といっているように思える。この少年は潜在的な自殺者あるいは犯罪者であるかもしれない。

自立と力を要求する非常に大きな問題にぶつかれば、自立もしておらず力もないので、後になって自殺するかもしれない。あるいは、他方、彼が母親以外の誰にも関心を持っていないことを、犯罪的な結びつきの形で社会に対して投影するかもしれない。私は泥棒や他の犯罪者たちが獄中で詩を書いたことにしばしば気づいてきた。その中で、彼〔女〕らは犯罪を母親のせいにしたり、あるいは、アルコール、モルヒネ、あるいは失恋に失敗の責任を負わせた。彼らは自分が勇気を欠いていることを証明する必要はない。

生徒：話しかけたり、目が合わないような子どもにはどのようにアプローチされますか？

アドラー：個人心理学の治療方法のレパートリーの中にあるあらゆる小さな技巧まですべて教えることはできない。まず第一に、最初は子どもに話しかけることはあまり必要ではない。少年に対してどうふるまうかを母親に教えるのに十分なことが少年について知られたら、子どもの開かれた協力がなくても、子どもは影響を受けることができる。他方、子どもに注意を払わないことで子どもの好奇心をそそることは容易だろう。彼はステージの中心を占めたいのである。もしも私が彼にまったく注目しないで大きな絵本や何か機械のおもちゃに夢中になっていれば、我慢できず、すぐに関心を示すだろう。

編集者のノート：このケースのフォローは編集者（ベラン・ウルフ）の診療所で継続された。母親の知的な協力を得ることは困難だったが、母親はついに子どもにより大きな自由と自立を与えるよう説得された。子どもが喘息の発作を起こしたらいつでも部屋を出て行くように教えられた。子どもが呼吸ができないことに冷静でいることができなかったからである。二週間以内に喘息はすっかり消えたが、ミルトンはまわりの人を支配するという希望をあきらめなかった。彼が喘息の発作を起こしている時に母親が無関心であることに対して、強迫的な反復性の咳をすることで抵抗した。これを母親は速やかに誤解した。彼は一本を取ったわけである。というのも、以前は一日に五回か六回の喘息発作を起こしたが、今や絶え間なく咳をするようになったからである。子どもは入院させられ、看護師は彼の咳に注目しないよう厳格に指示された。この間、子どもとの非常によい接触がされた。彼は聴診器を与えられ、病棟の他の子どもたちの何人かを「診察」することを許されたのである。彼〔女〕らはこの処置を受けられないほど症状は重くはなかった。これはおそらくミルトンが自分が重要であると感じた最初の経験だった。編集者は回診時に同伴した時にミルトンに、ある子どもはよくなると思うか、とたずねた。ミルトンは診察中の医師の深刻な顔つきを模倣し、少年は非常に悪いが、よくなると感じるといった。子どもは、医師たちは他の人を治療するのにあまりに忙しいので自分は病気になれないという事実に強い印象を受けた。家に帰ると彼の咳は再発したが、母親が彼の病院での状態に勇気づけられ咳に注目しなかったところ、たちまちミルトンはこの呼吸言語の特別の表現を断念した。翌週、彼はまったく新しい症状を持って現れた。しかめっ面と顔のチックの無限の連続である。この症状の興味深いことは、子どもがそれを彼が人前にいる時にだけ見せ、このようにして母親を大いに困惑させたということである。症状は数週間の治療後、またもや消えた。ミルトンはそこでサマーキャンプへと送られ、その際、指導者宛の指示の手紙を持たされた。キャンプでの最初の数日は彼はむっつりしており、食べるのを拒み、大きな騒動を起こし、ついにキャンプ生活にまったく適応できないということで家に送り帰された。彼が家に帰ると以前よりもさらに多動になった。精神科医と何度か面接した後、彼は家にいる時よりもキャンプにいる時の方がいいということを確信することができた。彼はキャンプに戻り、夏の残りの日々ずっとよく適応できた。それは主として、いくつかの競争に勝ち、運動で自分が重要であると感じられたからである。秋に家に戻ると、少年は十分な自尊心を得たように思え、一日中学校にいられるようになった。教育相談所の監督のもと、その後はミルトンはよく適応できるようになっている。

解説

本書は、Alfred Adler, *The Pattern of Life*, Cosmopolitan Book Corporation, 1982 (Original: 1930) の全訳である。

本書の成立

活動の拠点をオーストリアからアメリカに移したアドラーは、ニューヨークの新社会学校(ニュースクール)で、個人心理学の講義を行うと共に、ウィーンの児童相談所でしていたように、公開カウンセリングを行った。本書は、公開カウンセリングの速記録がもとになっている。

公開カウンセリング

カウンセリングの手順は次のようである。心理学者、精神科医、ソーシャルワーカー、教師などから成るニュースクールの生徒から提出されたケースレポートをアドラーが少しずつ読み上げ、その場で解釈していった。その解釈はレポートを読み進むにつれ、新たなデータによって解釈を修正することが必要となることもあったが、個人心理学におけるカウンセリング技法の特色である「推測」の方法を生徒の前でデモンストレーションしたのである。

ケースによって異なるが、アドラーはまずレポートについてコメントをし、さらにカウンセリングの中でどんなことを話すかを予告した後、親と、次いで子どもと面接をした。カウンセリングは公開の場で行われるので、親が多くの人を前にして怯む場面もある。子どもも親にしがみつくなどすることもあるが、アドラーはこのことから子どもが自立できていないことを読み取る。カウンセリングの後、生徒からの質問を受け、カウンセリングを振り返る。

アドラーが瞬時に子どもとのラポールを確立していること、カウンセリングの内容は本格的なもので、子どもだからといってレベルを下げるというようなことはしていない。読者は、子どもと対等の関係にあるとはどういうことかを、アドラーと子どもとの対話から知ることができるだろう。

勇気づけ

どんな子どもも最初から問題を起こすはずはない。親が子どもに適切に関わらなければ子どもが自分や世界について誤った見方（ライフスタイル）を持つことになる。本書によって、どうすれば子どもが健全なライフスタイルを身につけ、人生の課題を前にして怯むことなく立ち向かっていけるように援助することができるか、勇気づけの具体的な方法を学んでほしい。

今回も出版の機会を与えてくださった市村敏明さんに感謝したい。

二〇一三年五月一八日

岸見　一郎

◆著者

アルフレッド・アドラー（Alfred Adler）

1870年—1937年。オーストリアの精神科医。1902年からフロイトのウィーン精神分析協会の中核的メンバーとして活躍したが、1911年に学説上の対立から脱退した。フロイトと訣別後、自らの理論を個人心理学（Individualpsychologie, individual psychology）と呼び、全体論、目的論などを特色とする独自の理論を構築した。ナチズムの台頭に伴い、活動の拠点をアメリカに移し、精力的な講演、執筆活動を行ったが、講演旅行の途次、アバディーンで客死した。

◆訳者

岸見　一郎（きしみ　いちろう）

1956年、京都府生まれ。京都大学大学院文学研究科博士課程満期退学（西洋哲学史専攻）。専門はギリシア哲学、アドラー心理学。著書に『アドラーを読む』『アドラーに学ぶ』（ともにアルテ）、訳書にアルフレッド・アドラーの『人生の意味の心理学』『個人心理学講義』『生きる意味を求めて』『人間知の心理学』『性格の心理学』『人はなぜ神経症になるのか』『子どもの教育』『個人心理学の技術Ⅰ・Ⅱ』（以上アルテ）エドワード・ホフマンの『アドラーの生涯』（金子書房）などがある。

子どものライフスタイル〈新装版〉——アドラー・セレクション

2013年6月25日　初　版第1刷発行
2021年6月25日　新装版第1刷発行

著　者　アルフレッド・アドラー
訳　者　岸見　一郎
発行者　市村　敏明
発　行　株式会社　アルテ
〒170-0013　東京都豊島区東池袋2-62-8
BIGオフィスプラザ池袋11F
TEL.03(6868)6812　FAX.03(6730)1379
http://www.arte-book.com
発　売　株式会社　星雲社
（共同出版社・流通責任出版社）
〒112-0005　東京都文京区水道1-3-30
TEL.03(3868)3275　FAX.03(3868)6588
装　丁　Malpu Design（清水良洋）
印刷製本　シナノ書籍印刷株式会社

ISBN978-4-434-29183-8 C0011 Printed in Japan